発想は
リスクの先に
ある
中谷彰宏

あきひろ

この本は、３人のために書きました。

❶みんなと同じ発想から、抜け出したい人。

❷ピンチになった時、楽しむ余裕を持ちたい人。

❸昨日と違う自分に生まれ変わりたい人。

01

はじめに――世界を変えるとは、世界の常識を変えることだ。

仕事をすることは、自分を変えることです。
自分を変えることは、世界を変えることです。
「世界を変える」というのは、「自分の常識を変える」ということです。
世界の常識は一瞬で変わります。
簡単なことです。
まず、自分の常識をひっくり返せばいいのです。
ファーストクラスに乗る人は、自分の発想を常にひっくり返している人です。
二流は、自分の発想にしがみついている人です。

自分を無にできないのです。

今までしていたことの逆ができるのが、ファーストクラスに乗る人です。

ひっくり返すのが、超楽しいのです。

「せっかく積み上げたのに、ひっくり返すのはもったいない」と思っていると、一流にはなれません。

それは「マンネリ」と呼ばれます。

ひっくり返すのは、まわりではなく、自分です。

自分をアウエーに追い込んでいくのです。

今が楽しくなる具体例

01

自分の常識を、ひっくり返そう。

□今が楽しくなる57の具体例

01 □自分の常識を、ひっくり返そう。
02 □つまらない話を聞く時は、どこがつまらないか50個書き出そう。
03 □意味不明のものを面白がろう。
04 □情報より、自分の体験を元に考えよう。
05 □「みんなが言うこと」より、「みんなが言わないこと」を考えよう。
06 □情報より、生き方を伝えよう。
07 □否定より、肯定しよう。
08 □肯定してから、理由を考えよう。
09 □自分の目的に、こじつけよう。
10 □みんなが勉強しないことを、勉強しよう。

中谷彰宏「ファーストクラスに乗る人の発想」

11 □映画の冒頭の30分に集中しよう。
12 □まず1カ所、ほめるところを見つけよう。
13 □こんなことが勉強になっていいのかと思うことで、学ぼう。
14 □お金が自分にさせようとしていることをしよう。
15 □覚えるより、楽しもう。
16 □体で覚えよう。
17 □方程式を見つけよう。
18 □技術より、魔法を身につけよう。
19 □楽しそうに仕事しよう。
20 □同業者をうらやましがらせよう。
21 □微妙な表現を深読みしよう。
22 □BGMつきの場面を、思い浮かべよう。
23 □目の前で企画書を書こう。

24 □企画書より先に原稿を書き上げておこう。
25 □小さなことの達人になろう。
26 □どんな人でも、育てよう。
27 □お客様を、スタッフにしよう。
28 □博物館に行って、話そう。
29 □お客様を、こき使おう。
30 □サービスより、魔法を教えよう。
31 □感動させる前に、感動しよう。
32 □一緒に食事より、一緒に勉強しよう。
33 □お客様より、生徒をつくろう。
34 □枝葉より、根っ子を治そう。
35 □働くことで、学ぼう。
36 □お客様より、まずスタッフをつくろう。

37 □ 100キロ移動することより、10メートルに100の発見をしよう。
38 □ 臨機応変に強くなろう。
39 □ お客様より、自分の興味から発想しよう。
40 □ 好きなことより、目の前の人を助けよう。
41 □ 市場の小さいものを、考えよう。
42 □ 2つ以上の企画を、同時に考えよう。
43 □ 大勢を満足させようとしない。
44 □ 「大きく」より、「長く」を目指す。
45 □ 準備は、24時間×365日しよう。
46 □ 永久指名しよう。
47 □ いなくては困る存在になろう。
48 □ 時間をかけて、愛をつくろう。
49 □ 企画に、季語を入れよう。

50 □あと1%のオマケをつけよう。

51 □トリセツより、人から学ぼう。

52 □常にアウエーの仕事も入れよう。

53 □することは選ばないで、やり方を選ぼう。

54 □仮説を、言い切ろう。

55 □つい守りに入っていることに、気づこう。

56 □数値化できない価値を持とう。

57 □情報ではなく、考え方を学ぼう。

ファーストクラスに乗る人の発想　目次

第2章 みんなが捨てているものに注目する。

第3章 売れるより楽しいほうを優先する。

第4章 育つネットワークをつくる。

第5章 自分が好きなことより、人が困っていること。

第6章 長く続けることがブランドになる。

第7章 攻めの企画で未来は広がっていく。

ファーストクラスに乗る人の発想

今が楽しくなる57の具体例

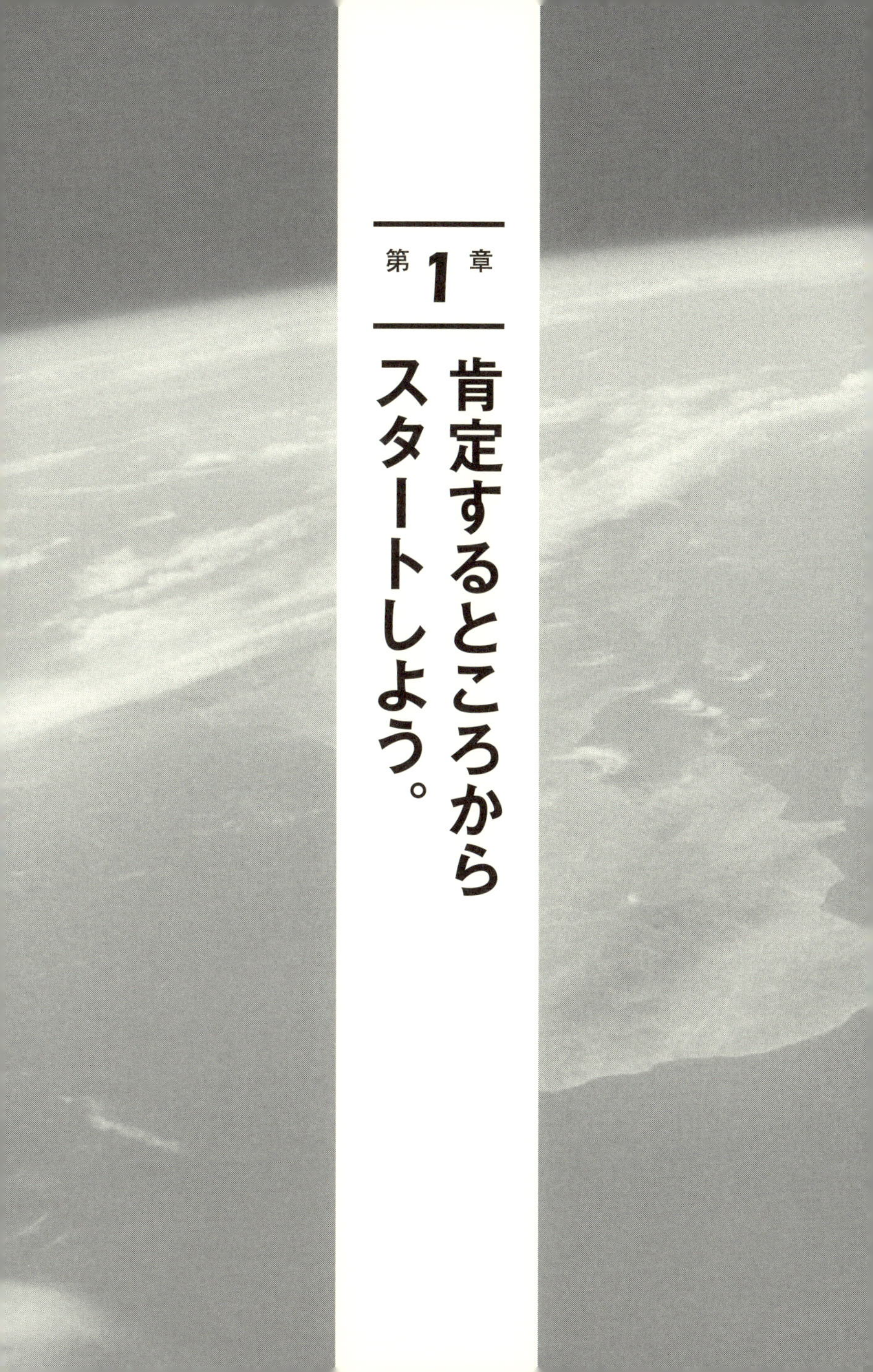

第1章

肯定するところからスタートしよう。

02
つまらない話ほど、面白い。

スピーチの大半はつまらないものです。

得々と話している割には、つまらないのです。

つまらないスピーチほど長くて、テンションはどんどん下がります。

もっと聞きたいスピーチは30秒で終わります。

つまらないスピーチは10分以上続きます。

話す側は、思ったほどリアクションがないと、さらにウケをとりに行って、ますますはずすというパターンにハマります。

私は、つまらない話にまったく退屈しません。

つまらない話を面白がれるのです。

いい話は、何も考えないで純粋に楽しめます。

つまらない話を聞くコツは、簡単です。

どこがつまらないか、50個書き出すのです。

実際に、ここまでよくひどくできるなというスピーチがありました。

前に話した人がウケをとったので、あせったのです。

これは気の毒です。

ウケをとった人のあとは話しにくいものです。

つまらない理由を50個書き出していると、つまらない話はもっと面白くなくなれと思います。

これは「痛い」に置きかえることができます。

歯医者さんで治療を受ける時の痛さをどう表現しようかと考えるのです。

痛さは、「痛い」だけではありません。

「○○のように痛い」を考えます。

痛さはワンパターンではないのです。

痛さの表現を考えていると、「もうちょっと痛くしてもらえますか。そうすると思いつくかもしれない」と言いたくなります。

面白いものを探すよりも、面白くないものをいかに面白がれるかです。

面白がれることを他者と共有できることが大切なのです。

今が楽しくなる具体例

02

つまらない話を聞く時は、どこがつまらないか50個書き出そう。

03
わかりにくいものが、面白い。

本人が面白がって、他者には意味のわからないものが、一番面白いのです。
養老《ようろう》孟司《たけし》さんは、虫が好きです。
一番好きなのはゾウムシです。
ただし、クモとゲジゲジは嫌いです。
ここで「意味がわからない」というのは、第三者の失礼な発言です。
みんなが面白いと思っているものは、たいして面白くないのです。
第三者にとっては、ゾウムシもゲジゲジもクモも同じようなものです。
面白いのは、クモゾウムシです。
見た目はクモで、鼻が長いのです。

クモが嫌いな養老孟司さんは、クモゾウムシのことは、「かわいい」と言います。

意味不明です。

面白さは、意味不明の中にあります。

本も、意味不明なものをつくるほうがいいのです。

「わかりやすい」に頼らないことです。

企画会議で「これ、わかりますかね」という発言が出た時点で、その企画はつまらなくなります。


ファーストクラスの発想をする人は、わかりやすさを優先しません。

ファーストクラスの発想ができない人は、わかりやすさを優先します。


わかりやすさは、一瞬でわかります。

説明過剰で、「ハイ、わかりました」でスッと通りすぎます。

落語のいいオチは、聞いた瞬間はわかりません。

帰り道で「アッ、そういうことか。超面白い」というところが面白いのです。

俳句も同じです。

中谷塾の名古屋校には、俳句で食べていこうとしている男性がいます。

彼を吉田名人と呼んで、俳句のレクチャーをしてもらっています。

私は高校時代、短歌部でした。

俳句は、切り詰めて切り詰めて、説明を極力排除します。

大阪の映画塾では、落語的な説明をします。

落語は究極、説明を排除した語りです。

説明がなくて、描写のみです。

描写で、この人がどういう関係で、何歳で、武士なのか町人なのか、お年寄りなのか子どもなのか、全部わかります。

説明俳句が一番つまらないのです。

描写に面白味があるのです。

描写は、一瞬ではわかりません。

あとで「アッ」とわかります。

面白い手品は、一瞬でワッと変わるものではありません。

気がついたら変わっていたというものです。
ラスベガスの手品は、マジシャンのネクタイが、いつの間にか変わっています。
最初はネクタイをしていなかったのに、帰りがけにはネクタイをしています。
誰も気づきません。
誰かが「あれ？」と言って初めて気づくのです。
舞台にずっと出ていたのに、中のシャツも変わっています。
「どうして？」となるのが面白くて、もう1回見に行こうと思えるのです。

今が楽しくなる具体例

03 意味不明のものを面白がろう。

04 情報化社会は、情報では差がつかない。

今、情報はみんなが持っています。

差がつくのは、情報ではなくて、個々人が持っている体験です。

情報化社会の前の時代には、情報を持っている人の勝ちでした。

ファーストクラスに乗れない人は、情報化社会になっても、情報で差をつけようとします。

「中谷さんのネタもとは何ですか」とよく聞かれます。

ネタもとはありません。

すべて自分の体験です。

「これの証拠となるデータを出してください」と言う編集者は、中谷本を読んだことがないのです。

私の本に、データは出てきません。

私は、本を選ぶ時に、本屋さんで立ち読みして、データが出ていたら棚に返します。

それは、データから来ている話だからです。

書いた人の体験談が面白いのです。

すぐれたセールスマンは、商品のよさは一つも語りません。

商品が他社と比べてどんなにいいかという数値も出しません。

すぐれたセールスマンは「私はこうやって生きてきました」という話をします。

その体験談に引き込まれるのです。

ネットワークビジネスを大勢に勧《すす》める人は、そのビジネスがどんなに儲かるかという話はまったくしません。

「家族と親友でこのビジネスを始めました。イヤがる友達をムリヤリ入れて、そのあとまったく続かないので、会費がもったいないから私は辞めたんです」という話をします。

今が楽しくなる具体例

04

情報より、自分の体験を元に考えよう。

イヤがっていた友達には、たくさん人がつきました。

友達が誘った相手から下に大きく広がっていったのです。

最初に始めた人は、辞めたあと、友達の下に入り直しました。

いったん辞めたのですから仕方がないとしても、入り直して、今は下に大勢の人がついています。

普通は入り直しません。

この話を聞いた人はみんな、入り直した人の下に入ります。

仕組みは、いくら聞いてもわからないということなのです。

05

みんなが言う正解より、みんなが言わない誤答のほうが面白い。

情報化社会では、みんなが言う正解は面白くないのです。

つい正解を言おうとします。

本の企画として持ち込まれる原稿のほとんどは、正解を50個集めたものです。

当たり前で、誰でも言うことです。

コメンテーターには、

① 新橋コメンテーター

② 逆の見方をするコメンテーター

の2通りがあります。

①は、視聴者の気分を代弁するコメンテーターです。

みんなが感じているのと同じことを言うので、街でコメントをとる必要はなくなります。

ＴＶを見ている人も「そうだ、そうだ」と言います。

これが「みんなが言う正解」です。

②の、逆の見方をするコメンテーターの代表が、テリー伊藤さんです。

私がコメンテーターをする時は、「そんな見方もあるのか」という、街とは真逆のコメントをします。

コメントとして必要なのは、「そうそうそう」という見方ではありません。

自分はそんな見方をしたことがなかったというコメントが、みんなのプラスになるのです。

私の本はすべて「そういう見方があるのか」という発想を書いています。

ファーストクラスの発想とは、今までの常識のちゃぶ台をひっくり返すことです。

自分が前から知っていた考えを、改めて本で読む必要はありません。

みんなが言わないことを言うのが発想です。

みんなが言うことを重ねて言っても、常識のちゃぶ台はひっくり返せないのです。

今が楽しく
なる具体例

05

「みんなが言うこと」より、「みんなが言わないこと」を考えよう。

06 情報は手段、どう生きるかが目的だ。

私がコメントする時に気をつけていることがあります。

情報は手段にすぎないということです。

情報番組では、この情報化社会の中でどう生きるかという生き方の提言をします。

経沢香保子《つねざわかほこ》さんと出演した時、経沢さんは「中谷さんのコメントは自己啓発ですね」と言ってくれました。

経沢さんは、情報を聞くことは、各自がどう生きるか、どう生きれば豊かになるか、どう生き延びていけるかを考えることだと気づいたのです。

情報を聞くと、「困ったもんですね」と文句を言って終わりです。

「だから私は生活が豊かにならないんだ」で終わったら、占いで「あなたには霊がついている。ハイ、鑑定料をいただきます」と言う霊能者と同じです。

霊の取り方は教えずに、霊がついているかどうかの鑑定だけをする霊能者はイヤです。

大半は、これです。

そんなところに行ってお金を払ってはいけないのです。

霊がついているかどうかよりも、ついた霊の取り払い方を教えてくれるところに行くことです。

これが、情報より生き方を伝える、情報より生き方を学ぶということなのです。

今が楽しくなる具体例

06

情報より、生き方を伝えよう。

07

否定の意見は誰でも言える。肯定する時に、オリジナリティーがいる。

情報化社会は、否定の意見が99％です。
ある出来事についての否定は誰でもできます。
１００個のうち1個しか肯定の意見はないのです。
99対1で肯定の意見を言うのは１００倍むずかしいのです。
考えないといけないし、オリジナリティーが必要です。
否定は、感情だけでできます。
肯定には、ほめるところを見つける観察力・洞察力がいります。
最初は悪さだけが目立ちます。

そこから「みんなは悪く言うけど、ここにこういう値打ちがあるね」と言うのです。

人間は、自分に危害が及ぶデメリットをメリットの100倍大きく感じます。

1万円を拾う喜びよりも、1万円を落としたショックのほうが大きいのです。

1万円を拾って喜んでいたのに、その1万円を、気がついたら落としていたとしたら、都合、チャラです。

ところが、一日イヤな気持ちになります。

本当は1万円なのに、100万円を落としたぐらいの感じです。

否定の意見には反応が大きいのです。

最初に否定の感情が湧いて、それをバーッと語ることで情報化社会に蔓延《まんえん》します。

炎上は、否定の否定が起きているのです。

コメントする時は、肯定することが大切なのです。

今が楽しくなる具体例

07

否定より、肯定しよう。

08 どんなモノでも、ほめることができる。

博報堂を辞めたころ、「経済界」主宰の佐藤正忠《せいちゅう》さんに「ちょっと遊びに来なさい」と言われました。

佐藤さんは、私に顔を近づけて、ささやくように「博報堂で何をやった？」と聞きます。

こちらも「面接ですか」と緊張します。

私が博報堂にいたサラリーマン時代の8年間で学んだことを、一言に凝縮して言えて初めて何かを学んだことになります。

私は、「どう考えてもほめることができないモノでも、ほめることができるようになりました」と答えました。

それまでそんなことは考えたこともなかったのに、その一瞬で、「結局僕は何を得たんだろう」と8年間を検索したのです。

その時、亡くなった師匠の藤井達朗《たつろう》の言葉を思い出しました。

「寿命が来て、終わった商品にも耳を傾けてやれ。必ずいいことがある。商品に話しかけるのではなくて、商品の言うことをただ黙って聞いてやれ。そこにメッセージがあり、それがいいところだ」

という教えです。

そこから「いいところを見つける」ということが浮かんだのです。

これが肯定です。

幸《さいわ》い、情報化社会は否定の意見がたくさん出てきます。

肯定の意見を言える人が、この中で生き残ることができるのです。

どんなにひどいところへ行っても、肯定の意見を述べるトレーニングをしておくことが大切です。

考えてから◯か×かではないのです。

TVで、◯と×を出す番組があります。

今が楽しくなる具体例

08 肯定してから、理由を考えよう。

私は、×を上げられません。
最初から決まっています。
「これについて賛成の人」ということに全部○です。
NHKの生番組で、シロウトが隠し芸を披露します。
これが評価に値するかどうか、○か×かを出す時も、私は最初から全部○です。
×を上げられないのは、広告代理店の職業病です。
四国の人が、犬を連れてきて、犬がしゃべるところを披露しようとしました。
TVの生放送で緊張して、犬はまったくしゃべりませんでした。
それでも私は○です。
そこから理由を考えるのが私の仕事です。
結論は○で、理由を捻出《ねんしゅつ》するのです。

09
したいことを考えてから、企画を出す。

私は27歳の時、博報堂で働きながら、ライターをしていました。

まだ作家ではありません。

ライターの仕事は、20歳の時に知り合った編集者の赤星一朗さんに頼まれました。

私が博報堂に入ってから「中谷君、ちょっと手伝ってくれないかな」と声をかけられたのです。

その編集部に「和田ボーイ」という、同い年の優秀な編集者がいました。

和田ボーイは、歌舞伎町のキャバクラで遊んできて、領収書が落ちないと、「中谷チャン、領収書があるんだけど、これが落ちる企画を何か考えよう」という発想の持ち主です。

そこからなら必死に考えます。

今が楽しくなる具体例 09
自分の目的に、こじつけよう。

これが、肯定から入るということです。

今ある領収書を落とす企画を考えるのです。

企画を考えてから取材するのではないのです。

取材が先にあって、あとからムリヤリこじつけの企画が生まれます。

先輩の岩本さんに、「コマーシャル企画は、どう考えればいいんですか」と聞きました。

岩本さんは、「中谷君、海外はどこに行きたいの？」と聞きました。

「この間、岩本さんはタイへ行って楽しかったと言っていたじゃないですか。僕もタイに行きたいですね」と言うと、岩本さんは「タイへ行く企画を考えるんだよ」と言いました。

それが順番です。

そこから考えるのです。

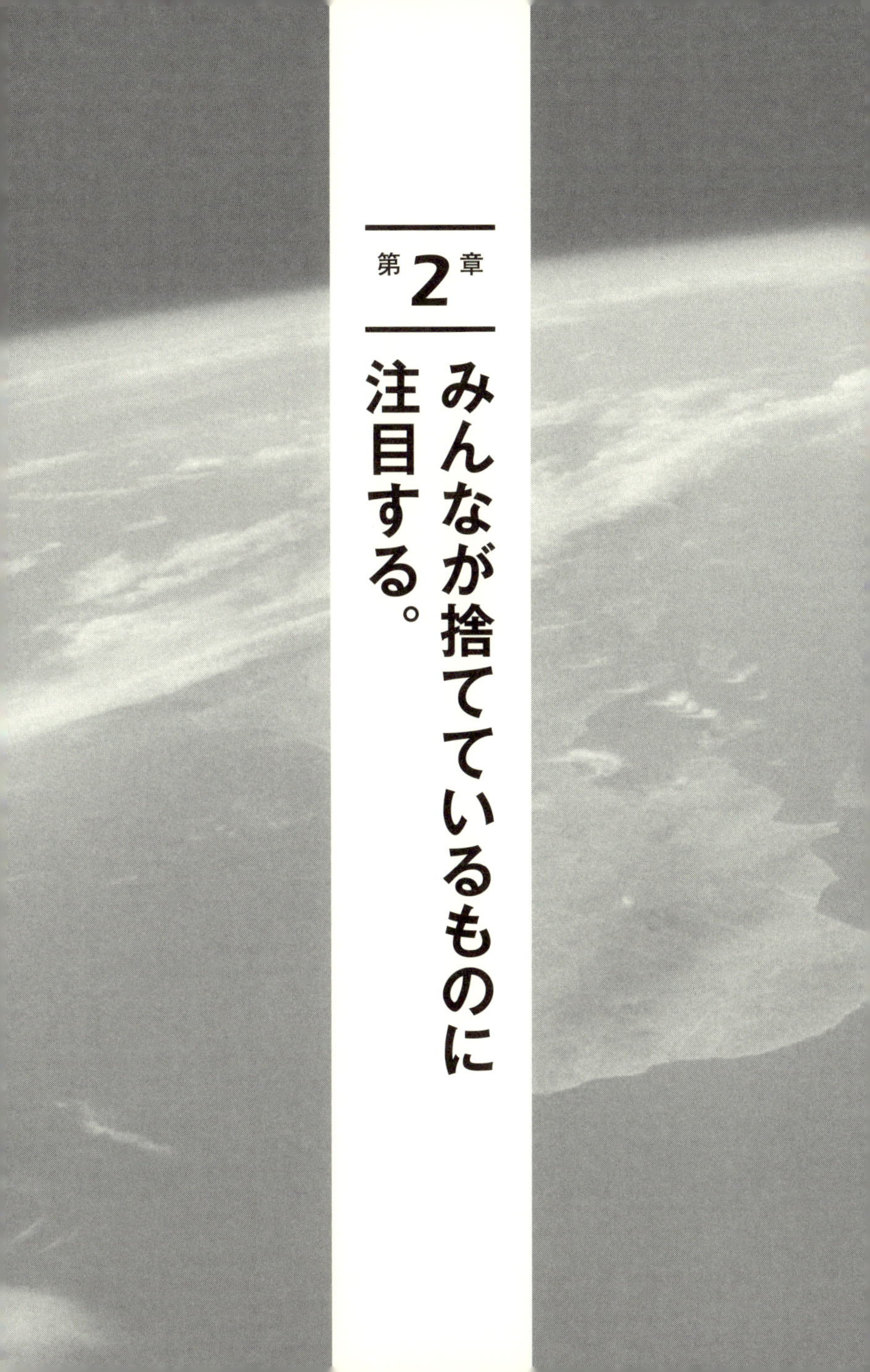

第2章

みんなが捨てているものに注目する。

10

みんなが勉強しないことで、差がつく。

「何を勉強すればいいのですか」という質問があります。

好きなことを勉強すればいいのです。

究極、みんながあまり勉強しないことを勉強することが、レッドオーシャンにならないで、一人勝ちできる方法です。

たとえば、「中谷さん、ゴルフは?」と聞かれると、私は「いや、ゴルフではなく、僕は競技ボウリングと社交ダンスなんです」と答えます。

ここでプッと笑われます。「シャル・ウィ・ダンスですか」とからかわれて、「なんで?　何がキッカケで?　何のために?」と聞かれるのです。

みんながあまりしていないことだからです。

第2章

みんなが捨てているものに注目する。

振り返ると、私はずっと、みんながしていないことをしてきました。

受験でみんなが勉強するのは、点数が稼げる数学Aです。

数学と英語は天才的にできる人が、たくさんいます。

それで私は、みんなが勉強しない国語を勉強しました。

国語を勉強するのは、マニアしかいません。国語で100点はとれないし、勉強しなくても、点数はそんなに悪くなりません。頑張った量が反映しないのです。

私は漢文が好きでした。

漢文の配点は10点です。そのわりには、私は漢文のやりすぎです。

手を抜いていても、5点ぐらいはとれます。

死ぬほど勉強しても、まったく意味がないのです。

私の中では、一番の得意科目は国語で、2番は倫社でした。

当時、東大受験の1次試験に倫社はありませんでした。

それでも、私は倫社が超面白かったので、「これでトップになってやろう」と思いました。

なろうと思えば、なれるのです。倫社の授業中、哲学や仏教の話は面白くないので、みんなは数学と英語を勉強していたからです。

テストが終わると、解答が職員室の横に張り出されます。

それを見に行った時に、「倫社の八田先生の字は僕の字と似ているな」と思いました。

実は、私の答案がそのまま模範解答にされていたのです。

そこまでしても受験には何の役にも立ちません。

でも、自分の中では誇らしかったのです。

要は、みんながしていないもので勝てばいいのです。

勉強のコツは、みんなが捨てているものを勉強することです。

情報化社会は、みんなが均質化していく社会です。

みんなが捨てているもの、「そんなことをして、何のためになるの」ということをすることで、差別化できるのです。

今が楽しくなる具体例

10

みんなが勉強しないことを、勉強しよう。

11 映画で物語は、どうでもいい。

私は映画の話をするのが大好きです。

淀川長治《よどがわながはる》さん、浜村淳《はまむらじゅん》さんのあとを継いで、映画の話をしていこうと思っています。

映画の見方のコツは、「筋《すじ》を捨てる」ということです。

映画の要素には、「映画的要素」と「筋的要素」とがあります。

映画を見る時に、みんなは筋（ストーリー）を追いかけます。

ストーリーを追いかけると、映画を見落とします。

ストーリーは、あらすじです。

ミステリー映画の対談で、「犯人が○○というのは意表をつかれましたね」と言われた時に、私は「エッ、そうだったの？」と思いました。

今が楽しくなる具体例

11 映画の冒頭の30分に集中しよう。

映画は見ていても、筋を追いかけていないのです。

映画が面白いのは、最初の30分です。

最初の30分は「映画的要素」、残り1時間半は「筋的要素」に分類されます。

後半は「映画的要素」を出しているヒマがありません。

監督がストーリーを解決する仕事に追いやられるからです。

冒頭の30分間を、どう味わうかです。

見てどんな筋だったかは、いっさい関係ありません。

だから、何回でも見られます。

味わうのは、「ここ、よくできているな」というところです。

カメラワーク・編集・音楽などの映画的であるところを味わえば、あとで筋が思い出せなくても面白いのです。

12 1カ所見つけると、イモづる式に見つかる。

博報堂に入ってからは、ひたすら、ほめられないものをほめるトレーニングをしていました。

渡される商品は、「これ、終わってるよね」という商品ばかりです。

売れる商品などは、まわってきません。

売れる商品は、ほうっておいても売れます。

売れない商品を売るために、広告の力が必要になるのです。

広告の力は、TVコマーシャルをつくることではありません。

みんなが気づいていない、そのモノのよさを見つけることです。

ポイントは、とにかく1カ所、いいところを見つけることです。

1カ所見つかると、美点がイモづる式に見つかります。

これは「買い物かごの原理」です。

コンビニに行って、最初にかごを持つ人はいません。

まず、お菓子コーナーに行って、「おや、また面白い味のポテトチップスが出たな」と気づきます。

お菓子コーナーのメインどころは、ポテトチップスです。

新しいフレーバーがたくさんあります。

それを手にとった瞬間、かごを持つのです。

1個持つと、ほかのモノが気になり始めます。1個もないと、そのまま店を出ます。

私は、映画を見るのも好きですが、見てきた映画のことを話すのも好きです。

「どうだった?」と聞かれた時に、「予告編は面白くなかったけど、1カ所、面白いシーンがあったよ」と言って、そのシーンを語ります。

筋はまったく語っていないのに、「面白いじゃないですか」と言われます。

その流れで、もう一つのシーンを語ります。

「面白いじゃないですか」と、また言われます。

話しているうちに、自分でもだんだんその気になって、「そこから先、こうなるんだよ」と、シーンを3つぐらい話してしまいます。

聞いた人は「それ、絶対見に行こう」と言って、実際に見に行きます。

ところが、次に会った時に「そんなシーンはなかった」と言うのです。

または、私が楽しげに語って、その人も楽しげに聞いていたシーンで、自分の頭の中では「1時間ぐらい続く」と思っていた展開が3秒で終わったからです。

淀川さんの解説は兵庫弁です。

無声映画でもフランス映画でも、あの兵庫弁でセリフをたくさん言っています。

実際には言っていないのに、自分の中で聞こえているセリフがあるのです。

これが映画の楽しみ方なのです。

今が楽しくなる具体例

12

まず1カ所、ほめるところを見つけよう。

13

些細なことを、徹底的にする。

私と映画とのかかわりは、大学時代に映画の研究をしていたことから始まります。

もともと映画を勉強するために大学に入ったわけではありません。

当時は大蔵省に行こうと思って勉強していました。

受けたのは、慶応の経済学部と東大の経済学部です。

早稲田の文学部は、母親にもう一つどこか受けてくれと言われて、当時の彼女の付き添いとして受けただけです。

慶応と東大の経済を受ける人間が次に受ける経済学部の大学がなかったのです。

先に慶応の経済と早稲田の文学部に受かって、東大の経済の発表はまだという状況で、私の中では東大の経済に行くことは決まっていました。

親にお金を納めろと言われて、「どうせ東大の経済に行くんだから、経済と経済で重なってももったいない」ということで、早稲田の文学部に納めました。

本当は、彼女が早稲田に受かっていたからというのが大きいのです。

早稲田の合格発表を彼女と一緒に見に行きました。

実際に入るつもりはなかったので、早稲田の受験票は捨ててしまっていました。

受験番号はウロ覚えです。

古くさい考え方ですが、文学部は女のコが行くところだと思っていたのです。

「たしかあの番号だと思うんだけどな」と言うと、彼女は「受験票がなくても合格の手続きができるかどうか、私が聞いてきてあげる」と言うのです。

私と一緒に早稲田に行きたかったからです。

結果、私は東大に落ちて、早稲田の文学部に行くことになりました。

東大に受かった人の胴上げを見ていると、「落ちたままではやめたくない。よし、来年受かって蹴ってやろう」という気持ちになりました。

こうなれば、意地です。

ギャンブルでなくてよかったです。

ギャンブルだったら、ハマッていたところです。

せっかくだから、1年ぐらいは月・火・水を早稲田の文学部、木・金・土を駿台《すんだい》予備校に行こうと思っていたのです。

早稲田の文学部の講義は、自然科学・社会科学・人文科学に分かれていました。

私は経済が志望だったので社会科学に進もうと思っていましたが、社会科学の授業が、一つも面白くないのです。

結局、人文科学の演劇学科に行くことにしました。

実は、最初は「映画は遊びでしょ」とバカにしていました。

ところが、授業を聞くと、面白いのです。

映画の授業は他学部からの聴講もできたので、最初は大教室でした。

それがどんどん教室が小さくなっていきました。

ほとんどが脱落するからです。

映画というと、みんなのイメージは、当時、映画館で上映していた『スターウォーズ』、『レイダース』、『スーパーマン』などです。

実際に映画史の授業で習うのは無声映画です。

学年末のレポートは「無声映画完成期における無声映画芸術について論ぜよ」というものでした。

モノクロどころか、音も入っていません。

つまらないので、聴講する学生はどんどんいなくなりました。

私は「超面白い。でも、勉強はもっとむずかしいものだ。遊びのようなことで単位をもらっては申しわけない」と思っていました。

これが勉強の始まりです。

この思いは今の仕事にも通じます。

「これは遊びでしょう。好きなことをさせてもらって、本当はこっちがお金を払わなくてはいけないのに、お金をもらえるなんて、ヤバい」と思っているのです。

今、中谷塾でも、ビジネススクールでも、消防大学でも、講演でも、アンケートには「楽しかったですけど、先生が一番楽しんでいました」と書かれます。

実際、楽しいのです。

「こんなに楽しませてもらって、ギャラまでもらって申しわけない」と思うようなことが一番稼げます。

「こんなつらい思いをしているのだから、もっとギャラをもらわないと」と思っていることでは、稼げないのです。

今が楽しくなる具体例 13

こんなことが勉強になっていいのかと思うことで、学ぼう。

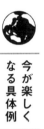

14 自分がお金を使うのではない。お金が自分を使うのだ。

たとえば、「30万円をもらった時に、どう使うか」を考えます。

ムダ使いはしたくないし、銭失いにもなりたくありません。

「できれば、とっておきたい」と考えるのが、二流です。

ファーストクラスに乗る人は、「今ココに入った30万円というお金は、自分に何をさせようとしているか」と考えます。

発想が違うのです。

「お金が自分を動かす」と考えると、ハズレはなくなります。

「印税」は、この考え方です。

よく「いいですね。夢の印税生活」と言われます。

そんなラクなものではありません。

作家仲間は「お金のためだったら、ほかの仕事やってるわ」と言っています。

印税は、著者に貯金してもらうためのものではありません。

「そのお金で面白い体験をして、次に面白い本を書いて、我々に楽しみを還元したり、ためになることを教えてください」ということです。

自分がお金を使うと思うと、ビクビクします。

お金が自分に何をさせようとしているかです。

それは勉強です。

印税は、そのお金で勉強して、むずかしいことをわかりやすく書いてもらうための投資なのです。

今が楽しくなる具体例

14

お金が自分にさせようとしていることをしよう。

15

覚えようとしたことは、覚えられない。楽しんだことは、忘れられない。

私は、大昔のことでも、固有名詞がスラスラ出てきます。

「なんでそんなに覚えられるんですか」と言われます。

覚えようとしても、覚えられません。

覚えようとするから、覚えられないのです。

本を覚えようと思って読んでも、覚えられません。

楽しんだことを忘れないのは、感情の記憶が体から抜けないからです。

思い出すのは、「あれは楽しかったな」「あれは笑っちゃったよね」ということだらけです。

覚えようとする旅は楽しくないし、本を覚えようとしても楽しくありません。

ワクワクしながら読むことが、結果、覚えていくのです。

覚えることより、まずは楽しむことです。

少しでも「この漢字を覚えなくちゃ」と思った瞬間に、その本は楽しめなくなります。

「この英単語を覚えなくちゃ」と思った瞬間に、シドニー・シェルダンも楽しくなくなります。

漢字や英単語を覚えるより、ストーリー展開を楽しむことのほうが大切なのです。

今が楽しくなる具体例

15 覚えるより、楽しもう。

16

身体で覚えたことは、忘れない。

習いごとは、
① 頭で習いに来ている人
② 体で習いに来ている人
の2通りに分かれます。

たとえば、ボイストレーニングの先生に、「響《ひび》かせるには吐《は》く時の一番汚らしいウエーという音を出してください。吐く時はノドが大きく開きます。それが一番音が響いている状態です」と言われます。

この時に、「私は歌が上手になるために習いに来ているのに、なんでそんなイヤらしい音を出さなければいけないんですか」と言う人がいます。

男性で多いのは、「はい、わかりました」と言って、メモだけとる人です。
「じゃ、やってみてください」と言われても、実際に音を出さないのです。
その人は、頭で習いに来ている人です。
体感しに来ていないのです。
ＡＥＤの使い方は簡単だと言われます。
説明もわかりやすいし、アナウンスでの説明もあります。
ところが、いざとなると動転してできなくなります。
１回、体で体験しているかどうかが大きいのです。
心肺《しんぱい》蘇生法《そせいほう》ではＡＥＤの使用とともに、胸骨圧迫《きょうこつあっぱく》も行います。
胸骨圧迫は、胸が５センチ沈むまで押します。
５センチは、思ったより深いのです。
体で感じておかないと、なかなかできません。
骨が折れないのは、それだけ骨がかたいということです。
ＡＥＤは１２００〜２０００ボルトの電圧をかけます。

「ＡＥＤは心臓を動かす装置」と思っている人が多いのですが、実は心臓の痙攣《けいれん》をとって、心臓をとめる装置です。

痙攣したままでは、胸骨圧迫しても心臓は動かないからです。

いったん心臓をとめたあとに、すぐに心臓マッサージをすることで心臓が動き始めます。

心臓をとめたまま、腕を組んで救急車を待っていてはいけないのです。

胸骨圧迫は、１分間に１００回のペースで、すぐに始める必要があります。

１分間に１００回と言われても、そこにメトロノームがあるわけではないし、どんなテンポなのかはわかりません。

私はすぐ、１分間に１００のテンポの音楽を探しました。

最初に浮かんだのが『愛は勝つ』です。

詩としてもピッタリです。

「心肺停止」と「シンパイないからね」で、ダジャレで思いついただけです。

ただ、テンポは１２５で、少し早すぎます。

125では待って、逆に遅くなってしまいます。

さらに調べていくと、なんと、マリつきの「あんたがたどこさ」のリズムが100なのです。

「もしもしカメよ」も100です。

アンパンマンの歌も、ドラえもんの歌も、みんな100です。

子どもたちがノるのは、心拍数と同じだからです。

「世界に一つだけの花」も100です。

アメリカ心臓協会（AHA）が推奨しているのは、『サタデー・ナイト・フィーバー』のテーマ曲、「ステイン・アライヴ」です。

たぶん「ステイン・アライヴ」という言葉からの連想です。

あれを歌っていたら、踊り出してしまうのではないかと心配になります。

ここにディスコの曲を持ってくるのは、さすがアメリカです。

胸骨圧迫は、一人では大変です。

救急車が来るまでの8分間、救急隊員が道具をそろえるまでの時間を、休まずにずっと圧迫し続けなければなりません。

2人で交代する時は、リズムを変えないことが大切です。

みんなで同じ曲を歌っていると、蘇生率も上がるし、後遺症も残りません。

みんなが同じリズムを体で感じることが大切なのです。

今が楽しくなる具体例

16 体で覚えよう。

第3章

売れるより楽しいほうを優先する。

17

1社ずつ通る方法より、どこでも通る方程式を探す。

私には、自分の就活で気づいた手法があります。

私の就活の時代、演劇科の学生は大変でした。

役者になるのだから一般企業には入らないと思われていたのです。

「役者になる人間が、なに一般企業を冷やかしに受けに来ているんだ。バカにするな」

と怒られました。

演劇科は30人いました。

どこへ行っても30人の誰かに会います。

全員が1次敗退して、めぐりめぐっているのです。

どこへ行っても演劇科の学生がいて、「おう」となります。

就活が半分ぐらい過ぎたあたりで、私はコミックの『賭博黙示録《とばくもくしろく》カイジ』に出てくるような、「ざわ…ざわ…」したものを感じました。

このままでは演劇科全員、地下帝国行きです。

どこでもいいから一社潜《もぐ》り込もう、ということでは歯が立ちそうにありません。

追い詰められると、ほとんどの人が「どこでもいいから一社に潜り込もう」と考えます。

私は、そうではありませんでした。

「どこでも通る方程式があるはずだ。それを見つけよう」と思ったのです。

私は根本的に、くどこうとは思いません。

この魔法をかけたら、誰でも「どうにでもして」となる魔法を編《あ》み出したいと考えたのです。

当時『面接の達人』はまだありません。

これが『面接の達人』のスタートになるのです。

次の日から私は、通るためではなくて、方程式づくりで会社をまわるようになりました。

こうなると意識が違います。

通りに行こうと思うと、落ちたらガッカリします。

方程式づくりに行けば、実験ですから、通る・落ちるは関係ありません。

目的はさらにその先です。

ある出版社を受けに行ったところ、志望者は私一人で、面接担当者が5人いました。

「早稲田大学第一文学部演劇科、中谷彰宏です。どうぞよろしくお願いします」と挨拶したあと、座りながら「一つお手やわらかに」と言いました。

試してみたのです。

面接担当者が一人、「君、失敬だ」と怒って席を立って出ました。

こうなったら、もうダメです。

面接担当者の持ち点は一人5点です。

一人平均3・5点以上、合計17・5点以上をとって合格です。

残り4人の面接担当者全員が満点をつけてくれなければ通りません。

その出版社は落ちました。

「なるほど、これはないか」となれば、ムッとしません。

「お手やわらかに」を言うと、４人は笑ってくれても、１人がいなくなる可能性があることがわかったのです。

この手はないぞという収穫《しゅうかく》がありました。

この方法を続けてまわっていくうちに、だんだんコツがわかってきたのです。

今が楽しくなる具体例 17
方程式を見つけよう。

18
パターンを見つけて、その道のエンターテイナーになる。

一流は、コツを見つけます。パターンを見つけるのです。

二流は、必死です。コツが見つからなくて、間違った方法を続けます。

茂木健一郎さんは、大学受験で最初に勉強法を考えようとされたそうです。

すでに脳科学者です。

たいていの人は、東大に通るためにはどうしたらいいかを考えます。

茂木さんは、勉強法を考えています。私の勉強のスタンスと同じです。

私は、大学受験の時には、勉強法を考えるのが間に合いませんでした。

就活の面接の方程式は、思ったよりも簡単でした。

博報堂のテストは、進行が遅かったので、間に合ったのです。

今が楽しくなる具体例 18
技術より、魔法を身につけよう。

勉強法が間に合わなかったのは、途中から受験を楽しみ始めてしまったからです。

最初は悲惨だった受験生活が、超楽しくなりました。

受験のエンターテイナーです。

予備校の先生の50分の授業を丸々モノマネすることにハマりました。

今、私の講演は、板書《ばんしょ》の仕方も含めて駿台予備校の先生のモノマネの集大成です。

最初に書いた『面接の達人』は、予備校の先生の語り口をそっくり文体にしたものです。

あの文体は、今読むと、かなり特殊です。

くどくというのは、目の前の女性をくどくことだけではありません。

誰にでも、どう魔法をかけられるかを考えることです。

街でタイプの女性にめぐり会っても、すぐ声はかけません。

「こんなことをしている場合ではない」と、即、帰って魔法のかけ方を研究するのです。

19

ギャラよりも、したいことを優先する。

就活でＯＢ訪問に来て、すぐに「〇〇社に通りました」と言ってくる人もいれば、ナシのつぶての人もいます。

決まらなかった人や、小さい会社に入った人です。

せっかくＯＢ訪問をして、みんなはいいところに入っているのに、自分だけ聞いたことのない会社に入っていると思うと、報告の連絡をしたくても、できないのです。

そうこうしているうちに、まかり間違って出版社に入った男性がいました。

徳間書店に入ったオザワ君から「今度、新雑誌を企画することになりました。中谷さん、お世話になったので、一緒に考えてください」と言われたのです。

ターゲットは、20代のビジネスマンです。

ターゲットに関係なく、自分たちがしたいことをしようということになりました。

当時私も20代で、博報堂のサラリーマンです。

「オザワ君、企業の女子寮をめぐってみない?」と提案しました。

「それ、いいですね」と、さんざん盛り上がっていたころ、電子手帳が出ました。

電子手帳のリフィルもつくることになりました。

お店のデータを電子手帳のリフィルにする、今でいうアプリです。

電子手帳用に点線で切り取って使う、雑誌のようなものです。

「この雑誌は売れそうだけど、女子寮はどこへ行ったんだよ。なんかつまらなくなってきちゃったね」という流れになりました。

リフィルもどうだろうという企画のほうに行ってしまっては仕方がないので、全部会社に上げることにしました。

ギャラは出ません。

ギャラよりも、チマチマしていることが、楽しくなかったのです。

大切なのは、自分たちが楽しいかどうかです。

テレビ番組「ＯＨ！エルくらぶ」をスタートした時、記者会見で「見ている人たちより、つくっている我々が楽しい企画です」と言いました。

当たる企画は、つくる人たちが楽しそうです。

競合の編集者・ＴＶ局の人が見て、あの仕事やスタッフは楽しそうだなと思える仕事が、当たるものなのです。

今が楽しくなる具体例

19 楽しそうに仕事しよう。

20 『大人のホテル』は、大人の男性を悔しがらせた。

『「大人のホテル」12人の美女との2泊3日』（オータパブリケイションズ）は、女優さんと五つ星ホテルをめぐる企画です。

出てくれた人たちはみんな「仕事してないし、ただ楽しんでいるだけだし、中谷さん、これはドッキリでしょう」と警戒していました。

毎月の連載で、12カ月たって、一冊の本になりました。

でき上がった本を、あるトップ経営者に贈りました。

「中谷君、『大人のホテル』、いかんよ、あれは」と言われました。

あるアーティストの番組に出た時のことです。

その方とは、本も一緒につくっています。

「中谷さん、『大人のホテル』は壁に投げつけましたよ。なぜこの仕事がオレに来ない」と言うのです。

読んでいる人たちからの手紙で一番多いのは「本当に同じ部屋に泊まっているんですか」でした。

そんなわけはありません。

マネジャーさんもメイクさんも来ています。

有名な人たちです。

でも、読んだ人はそう感じるのです。

写真を、盗み撮り風にしてあります。

通常、ホテルでベッドの写真を撮る時は、ベッドカバーをシワ一つない状態にします。

私は「そこで寝転がってみて。寝返り打って。そこから起き上がって」と指示を出して、ベッドがいい具合にひと晩過ごしたように乱れたところを撮りました。

これは、ホテル側には撮れない写真です。

それまでのホテルの写真は、お決まりで、ロウ人形のようにフロントマンは電話を持ち、コンシェルジュはＴＶを指でさしています。

または誰もいない写真です。

そうではない、あたかもそこに人の気配を感じる、「さっきまでここで寝てたよね」という写真を、しかも窓越しの盗撮風に演出しました。

仕事で窓越しに撮っているカメラマンの丸田さんがいることを感じさせないようにしてあるのです。


本には書かなかったこともあります。

混浴露天風呂に一緒に入っているところは撮れないので、載せていません。

『大人のホテル』は、コンセプトを決めてつくりました。

「コンセプトとは何か」はよく使う言葉です。

コンセプトは「狙《ねら》い」ではないのです。

常識のちゃぶ台のひっくり返しです。

「コンセプト」のほとんどは、ちゃぶ台の上にちゃぶ台を乗せているだけです。

みんなは、ちゃぶ台の裏側が見たいのです。

これがコンセプトです。

企画書に「コンセプト」と書かれたものは、コンセプトではありません。

ちゃぶ台の表《おもて》側です。

ひっくり返っていません。

人間の快感は、ちゃぶ台をひっくり返すことにあります。

みんなが星一徹になりたいのです。

旅行ガイドは、行きの飛行機や電車の中で読みます。

ここに行こう、あそこに行こうという情報があります。

『大人のホテル』は違います。

旅行の帰りに読んだ人を「エッ、そうだったの？　見逃した」と悔しがらせたかったのです。

今が楽しくなる具体例

20

同業者をうらやましがらせよう。

21
混浴に「女性専用時間帯」があるのは、「女性はいつでも入れる」という意味だ。

ある一流旅館の混浴に「夜10時から0時までは女性専用」と書いてありました。

そのまま読むと、「女性は2時間だけですか。短い」と感じます。

私は女将《おかみ》さんに聞きました。

「女性は、いつ入ってもいいんですね?」

女将さんはニヤニヤ笑っています。

女性は、女性専用以外の時も入ってもいいのです。

夜10時から0時まで女性専用ということは、男性が入ってはいけない時間帯ということです。

女性は、いつでも入れるのです。

法の目をかいくぐるわけではなくて、そういう解釈ができます。

私の前世は、長崎の弁護士でした。

「女性専用」の意味は、女将さんの笑っている顔だけでわかります。

もう一つ、「露天風呂は夜12時で消灯」と書いてあります。

「女将さん、『消灯』と書いてありますが、入ってはいけないとは一言も書いていないですね」と聞きました。

入って、勝手に電気をつけていいのです。

自己責任です。

カギはかかっていません。

「消灯」は微妙な表現です。

女将さんは、「よく新婚の方とか……」と言って、フフフッと笑っています。

ガイドには、混浴の時間指定はこういう解釈もできるというニュアンスのことをうっすら書きました。

女性が入ってはいけない時間帯は一つも書いていません。

書かれているのは、男性が入ってはいけない時間帯です。
「混浴だぞ」と事前盛り上がりをしているのは男性です。
現実は、若い女性の集団が入ってきたら、男性はスッと逃げてしまうのです。

今が楽しくなる具体例

21 微妙な表現を深読みしよう。

22

「絵が浮かぶ」ことがコンセプトだ。

今、「月刊・中谷彰宏　月ナカ生活」を一緒につくっている奈良チャンと、20代の時にテレクラの取材をしました。

当時、テレクラが出始めだったのです。

一緒に行って、「すごいものができたね」という話から、「中谷さん、これで原稿を書いてください」と言われて、企画のコンセプトを決めました。

「行ったことがない人向けガイド」ではありません。

一回行ったけど待ち合わせをすっぽかされて、あんなものはうまくいかないと挫折《ざせつ》した人が読んで、「アーッ、これで失敗したんだ」と思ってもらえる記事にしたのです。

行ったことのない人をターゲットにしても、ありがたみがわかりません。

いいなと思って盛り上がり、会う約束をして、「喫茶店で風船を持って待っててね」と言われた通りにしたのに、風船を持った男が入ってくるばかりで、女子高生にドタキャンされたということがあると、もう二度と行くもんかと思います。

その人が、このガイドを読んで、自分のミスが全部わかり、電話をかけてきた女のコが冷やかしなのか本気なのか、狙いが一発でわかるという原稿にしたのです。

これをもとに『面接の達人』が生まれました。

『面接の達人』は、面接をこれから受けようとする人たち向けではありません。

コンセプトは「絵が浮かぶ」です。

面接に行きました↓最初はうまくいかなったけど、だんだんコツをつかみ、面接がトントントンと進んで役員面接まで行きました↓「君の力をぜひわが社に」と社長に言われました↓てっきり通ったものと思って家族に電話し、家族はケーキを買って、好きなハンバーグまでつくってくれました。

にもかかわらず、「残念ながら」となった人は、落ち込みます。

その人が本屋さんに行きます。しかも、外は雨です。

買ったビニール傘を足の間に挟みながら、この『メンタツ』を手にとります。
「これをしたら落ちます」と、自分のしたことが全部書いてあります。
勢いで最後まで読んで、買うことにします。
「そうか。これでわかった。明日から頑張ろう」と思えるような本にしたのです。
『面接の達人』のあとがきには「就活は、ダウンから始まる」と書いてあります。
ダウンしたところから始まるのです。
立っているところから始まるのではないのです。
「就職界のゾンビになれ」です。
最後に『ロッキー』のテーマ曲が流れ始めるところで終わります。
ＢＧＭまで書いてあるのです。ズボンは、ビニール傘を挟んでビチャビチャです。
それが『面接の達人』のコンセプトなのです。

今が楽しくなる具体例 22

ＢＧＭつきの場面を、思い浮かべよう。

23

ギャラをもらうかわりに次の企画をつくる。

女子寮めぐりは、まじめな企画になってしまったので、徳間書店に返すことになりました。

「中谷さん、ギャラが出ないので申しわけないですから、単行本はどうですか」と言われました。

私はその時、まだ一冊も本を書いたことがありませんでした。

私は、企画書を彼の目の前で書きました。

「じゃ、この2つ、企画書を書いておくから。ハイ」と渡し、「ありがとうございます。上のほうへ出してみます」と言われました。

そのあとすぐ、「中谷さん、決まりました。編集長から連絡が入ると思います」と、オザワ君から連絡が入りました。

すぐ、当時の編集長・山平松生さんから、「君のあれ、本にしよう。10万部売れたら自転車を買ってあげる」と言われました。

新人はそんなものです。

「2案出したんですけど、どっちですか」

「『狩猟派《しゅりょうは》サラリーマン』だよ。これは面白い」

当時50歳の山平編集長には、「リストラ」がピンと来たのです。

私は、27歳から「DIME」の連載でずっとリストラを取り上げ続けていました。

私の中でリストラは大きなテーマだったのです。

「これだ。面白い。これからサラリーマンのリストラ時代が来る」と、まだその時代の足音がしないころから確信していたのです。

1988年は、まだリストラの時代ではありませんでした。

先見《せんけん》の明《めい》はあったのですが、「リストラ」という言葉は、時代的にまだ早すぎたのです。

ついに本が出たものの、編集長には「この本は売れないと思う」と言われました。

一年かけて手書きで4回書き直しをさせられ、「最初のが一番よかったね」と言われた原稿です。

私は本のつくり方もわかっていませんでした。

それでも踏ん張って本を出してくれたのは、ありがたいことでした。

最終的に原稿を届けに行った時に「カメラ、持ってきて」と言われて、編集部の隅っこで写真撮影がありました。

「自殺直前の芥川龍之介の顔をして」と言われて撮った写真が、カバーのソデに入っています。

「博報堂のＣＭプランナーだと売れないな。よし、おまえはトレンドクリエーターだ」と肩書きもつけられました。

「オレはこれが売れなくていいと思うんだ。おまえはムチャクチャ本を出す男になるよ。その一冊目をオレはやっておきたいんだ。ツバつけるだけ」と言われました。

今が楽しくなる具体例

23 目の前で企画書を書こう。

24
『面接の達人』は、別の取材から始まった。

『狩猟派サラリーマン』の取材に来たのが、ダイヤモンド社の土江《つちえ》英明さんです。

「これは面白いですね。もともとどういうキッカケですか」と、とつとつとした口調で聞いてきました。

土江さんはしゃべりが苦手です。

東京ビルの地下1階、東宝ディンドンでの取材が終わって、お金を払っている時です。

「聞き忘れました。企画書を2枚出したと言いましたね。もう一つの企画って何だったんですか」

「『面接の達人』と言うんだけど」

「それ、僕にやらせてください」

当時、土江さんは28歳、私は29歳でした。

「OH！エルくらぶ」はまだ始まっていませんでした。

「それ、僕がやりたい」にも違いがありました。

徳間書店の山平編集長には、これから会社は大変なことが起こるという「リストラ」がテーマでした。

1988年に50歳の人は、面接が厳しい時代ではありません。

筆記試験がメインでした。

当時28歳の土江さんは、厳しい面接を受けてダイヤモンド社に入りました。

あの口ベタさかげんで相当苦労しています。

土江さんは「面接」に関心があったのです。

それまでの就活本は「就職」を取り上げたものばかりで、「面接」の本はありませんでした。

『面接の達人』の「達人」という言葉は、時代劇にしか使わない死語でした。

この企画を通した土江さんにも感謝です。

「中谷さん、ちょっとでもいいので、原稿のサンプルをＦＡＸしてもらえますか」と言われて私は手元にある原稿を全部送りました。

私は、就活する学生に同じことを言うのがめんどくさいので、「日曜日に模擬面接をする。その前にこれを読んできて。こんなことを言ったら落ちるよ」ということを紙に手書きしたものを持っていたのです。

その手書きの原稿を受け取った土江さんはびっくりしていました。

ＦＡＸがいつまでもとまらないのです。

途中で用紙切れを起こしたほどです。

ボチボチとまるだろうと思っているうちに全原稿が届きました。

私は『面接の達人』の全原稿をＦＡＸで送ったのです。

今が楽しくなる具体例 24

企画書より先に原稿を書き上げておこう。

25
別の仕事を連動させる。

2月に取材を受けて、4月には『面接の達人』が出ました。
4月に本が出るとわかった3月のことです。
当時、博報堂で私は「フロム・エー」の広告を担当していました。
リクルートの宣伝企画部次長をしていたのが怪人・東正任《ひがしまさとう》さんです。
東さんに、広告の企画を出しました。
TVの仕事は大勢でつくりますが、ラジオの仕事は一人でつくります。
膨大《ぼうだい》な作業量のわりに予算が少ないのです。
週刊誌ですから、毎週です。
今は火・金発売ですが、当時は火曜日だけの発売でした。

私は東さんに「『バイトの達人』のような『達人』という切り口はどうでしょう」と提案しました。

本に「達人」というワードを入れています。

達人ブームを起こそうと思ったのです。

そうすれば、私の本が売れます。

東さんから「カブト煮のうまい店があるんですけど、ちょっとご一緒しませんか」とお誘いを受けました。

東さんは、「1分いいですか」と言って、相手が返事する前に「ありがとうございます」と言う人です。

「企画、拝見しました。いやあ、さすが先生、すごいっすね。達人で行きましょう。勝手に名前も入れさせてもらってるんだけど」と、話はどんどん進みます。

「達人ブックス」をやりたいと言うのです。

「リクルート出版というへばっている会社があって、この会社を乗っ取っちゃう。新社名はまだわからないけど、つきましては中谷さんに『達人』というキーワードで200

冊ばかり本を書いてもらいます。コンビニの中にバーッと、昔、小学館が持っていた回転式の本棚を置いて売っていきたい、一つこんな感じでよろしくお願いします」と言います。

私はまだ博報堂社員です。

私のカバンの中には、その日もらったばかりの『面接の達人』の見本刷の一冊目が入っていました。

「東さん、実はこれ、今日できた見本刷です。こんな本が出るんですけど」と少しドキドキしながら出しました。この本を売るために達人ブームを起こそうとしていたのかと言われるかなと思ったのです。

東さんはさすがです。

「これです、これ。こういうのを200冊ばかり。そのあと1500冊ぐらい出してもらいたいんです。早いね、することが。企画書の説明をしたら、もうカバンの中から出てきちゃった。これ、もらっていいですか。プレゼンする時に見せるから」

「どうぞ持っていってください」ということで、私の『面接の達人』の一冊目の見本刷は東さんの手に渡りました。

その後、メディアファクトリーという会社ができました。編集長は藤原和博さんです。

Ｇ８リクルート本社の８階の応接間で１５００冊分の「達人」の企画をつくりました。

「中谷さん、これ、全部出そう」と言うのです。

そこで上がった企画は「年の瀬の週末、雨の降る銀座でタクシーをつかまえてくる達人」です。

それまで「能力」とされていたのは、ＴＯＥＩＣ何点とかＭＢＡでした。

仕事では、なかなか拾えないタクシーを「あいつはいつも拾ってくる」というのが達人です。

「社内でもなかなかとれない会議室をあいつはとってくる」

「いつも満席のレストランをあいつはとってくる」

これが達人の「能力」なのです。

今が楽しくなる具体例

25 小さなことの達人になろう。

第4章

育つネットワークをつくる。

26

採用より、育成。

今、地方都市のある不動産会社の就活をお手伝いしています。

熱心な担当者に、「中谷さん、ぜひ協力をお願いしたい」と頼まれました。

就活の学生が企業に通りたいのと同じで、企業も、一人でも多く優秀な学生を集めたいのです。

「よし、頑張りましょう」ということになり、1年限りではなく、毎年継続して変えていく計画を立てたのです。

私は、来た学生に、正しい就活、少しでもいい会社に入る方法を指導しています。

担当者にも、「模擬面接の練習台になってあげて」とアドバイスしています。

その都市では、就職の人気の1位・2位は、市役所と銀行です。

みんながこの2つを目指します。

私は、「市役所、銀行に入るような人に来てもらうことを目標にするのはやめましょう」と言いました。

あの会社の就活セミナーに来れば面接の仕方を教えてくれて、銀行、市役所に通るというようにしたら、優秀な学生たちが集まります。

就活を、選抜や獲得の目的にしないで、人材育成の学校にするのです。

将来、銀行の頭取《とうどり》や市長がこの会社の就活を経た人になることを目指せば、採る必要はないのです。

銀行と市役所は、このあとこの会社が仕事していく上でどれだけメリットになるかわかりません。

結果は1位にならなくても、その都市の中心的企業になります。

大切なのは、採用ではなくて、育成です。

今、企業は、優秀な人が集まらないことに頭を抱えています。

部署単位では「優秀な部下が来ない」と嘆《なげ》いています。

上司は「部下を選べない」と言い、部下は部下で「上司を選べない」と言います。

「最近の学生はろくでもない。勘弁《かんべん》してくれ、ゆとり世代」と言っていないで、これからは優秀な学生は来ないと最初から決めればいいのです。

どんな学生が来ても、優秀な人間にしていくのです。

自分がしていこうと思うのが育成です。

その場に人は集まります。

自分のところにとどまらず、人材を生み出して、いろいろな企業に入ってもらえばいいのです。

これは『面接の達人』の根本精神でもあるのです。

私は年間１００人ぐらい、ナマで模擬面接をします。

それだけしても、博報堂に通るのは一人ぐらいです。

博報堂にそのまま通っても、模擬面接をしなくても、博報堂に来るのは後輩です。

それ以外の会社に行く人たちがいて、ネットワークができます。

自分の会社に入ってもらわなくていいのです。

むしろ電通に入ることで、ネットワークができます。
ネットワークができていくことのほうが大切なのです。

今が楽しくなる具体例 26

どんな人でも、育てよう。

27

学芸員が説明する博物館より、お客様が学芸員に説明する博物館。

私は、実家のある大阪の堺市で博物館のアドバイザーをしています。

堺市博物館は、世界遺産に登録を申請している仁徳天皇陵の真ん前という好立地です。

しかも、南蛮貿易、千利休の歴史がある町なのに、博物館は今ひとつ盛り上がっていません。

堺市長の竹山修身《たけやまおさみ》さんは、これをなんとかしたいということで、みずから「アドバイザー」の肩書きをつくりました。

その竹山市長に頼まれて、現地で私の立てたコンセプトをプレゼンしました。

博物館は通常、学芸員がお客様に説明します。

私は、「それをやめよう」と言いました。

お客様が「知ってるか、あんた。これはこうなんだよ」と学芸員にウンチクを傾《かたむ》ける博物館を提案したのです。

堺の市民は、みんなが郷土史家です。

これが歴史の町です。

堺に行くと、堺体験をします。

堺の名所旧跡に、いわれの書かれた立看板があります。

それを見ていると、犬の散歩をしているオバチャンに「東京からですか」と声をかけられます。

「ええ」とだけ答えて会釈《えしゃく》します。

「実家が堺で」と説明したら長くなります。

犬の散歩で、手にバッグも持っていれば、普通は「あ、どうも、こんにちは」で終わるやりとりです。

「歴史、お好きですか」と聞かれます。

私は2浪まで含めて3年も受験勉強をしています。

歴史は好きです。

クイズ番組に出たら、歴史はいただきジャンルです。

「ええ、まあ」と答えると、「三好長慶《みよしながよし》についてはどれぐらいご存じですか？」と聞かれます。

三好長慶は受験にあまり出ません。

「すみません、基本からお願いします」と言うと、そこから犬の散歩をしているオバチャンに1時間説明されます。

「私、晩ごはんの支度《したく》があるので、ここから先は、アッ、向こうから自転車の人が来ました。あの人が続きを説明してくれる」という町です。

これが堺です。

犬の散歩をしている人、自転車に乗っている人、全員が歴史を語れるのです。

今が楽しくなる具体例

27 お客様を、スタッフにしよう。

28
堺市博物館を、日本一うるさい博物館にする。

堺は今、観ボラさん（観光ボランティア）が元気です。

2日間の講習を受けて、博物館での実技研修を通ったら、観ボラさんになれます。

旅行者に説明していいというボランティアは、人と話すのが好きな人には楽しいです。

観ボラさんのウインドブレーカーを着ると、みんなが説明を聞いてくれます。

歴史は諸説あります。

間違ったことを言うのはNGですが、「ここから私の持論ですが」と前置きすれば、自分の説を語ることもできます。

持論は、面白いほうがいいです。

観ボラさんには、穏健《おんけん》派と武闘《ぶとう》派がいます。

武闘派につかまったら大変です。

説明がとにかく長くて帰れません。

穏健派は、早めに解放してくれます。

堺には南宗寺という禅寺があります。

中に講堂があり、お堂があり、お墓があります。

それぞれがパビリオン風に観ボラさんが一人ついていきます。

そこをめぐっていくのです。

観ボラさんの説明はスルーできません。

まず、最初の観ボラさんにつかまります。

次のコーナーは、前の人に説明している最中で、「よし、ラッキー」とばかりに軽く会釈して通りすぎようとすると、「もう終わりますから、ちょっと待ってください」と呼びとめられます。

スルーはダメという空気です。

「大変お待たせしました」と言われて、説明を聞きます。

ディズニーランドと同じ仕組みです。

「先ほどのところでは説明をお聞きになりましたか」

「もうたっぷり聞きました」

「それでは、問題です」

おさらい問題が出ます。

そこの問題を間違うと、前のところに戻ります。

まるで映画『死亡遊戯』でブルース・リーが五重塔を一段ずつ戦っていくロールプレイングゲームです。

通常、博物館は、説明がうるさいとクレームになります。

堺は、お客様が説明する日本一うるさい博物館にしようとしています。

お父さんが子どもに説明します。

お父さんが子どもにいいところを見せられるのは歴史ぐらいです。

奥さんに歴史を話しても、興味を示してくれません。

いいところの見せ場がないのです。

堺市博物館は、お父さんが子どもに「知ってるか？　これはな……」という説明ができる場所なのです。

今が楽しくなる具体例

28 博物館に行って、話そう。

29
音や重さを体験できる博物館にする。

銅鐸《どうたく》は、教科書でみんな知っています。

堺市では、銅鐸は叩かせろと言っています。

銅鐸は楽器です。

中に、鐘と同じベロがあって、いい音が鳴るのです。

堺は火縄銃《ひなわじゅう》をつくっていました。

種子島《たねがしま》にポルトガル人が流れ着いた1年後には、日本刀の鍛冶《かじ》技術で国産火縄銃を製造していたのです。

レプリカの火縄銃を構えて「重いんだな」ということが感じられて、カチンと鳴ったらドーンという音がスピーカーから出て、火薬と硝煙《しょうえん》の匂いもするという体験型の

今が楽しくなる具体例

29

お客様を、こき使おう。

博物館にしたら楽しいです。

最終的にはお客様をこき使う博物館です。

お客様は、こき使われるのがうれしいのです。

スナック方式です。

私の実家はスナックです。

カウンターの中でグラスを洗っている人はお客様です。

マイクを握って離さないのが、マスターである父親です。

これが一番流行っているスナックです。

誰がマスターかわからないお店だったのです。

30
ゲストは、サービスを求めていない。魔法を求めている。

ディズニーランドの研修で私は、「今日からサービスはやめましょう」とスタッフに言いました。

ゲストは、ディズニーランドにサービスを求めに来ていません。

「すばらしいサービスをありがとうございました」というコメントレターが来たら、負けです。

いっさいサービスはやめて、魔法を使うのです。

お客様がディズニーランドに求めているのは魔法です。

ゲストから喜ばれた魔法は、「くるりんパッ」です。

「写真を撮ってください」というゲストにカメラを返す時、スタッフは「くるりんパッ」と言ってカメラをまわして返すのです。

これは子どもが喜びます。

ホテルでは、こういうことはしません。

カメラを落として弁償になったら大変です。

「丁寧に扱ってください」というところを、一人のバイト君は「くるりんパッ」をしました。

それが子どもにウケて、「ほかのお兄ちゃんは、くるりんパッをしてくれなかった」というクレームになりました。

ジャングルクルーズで、大切な指輪を落とした人がいました。

潜水チームが見つけました。

これが魔法です。

物を渡すことがサービスではないのです。

指輪を見つけるだけでもすごいことです。

ただカメラを返すだけでも違うのが、魔法です。

今が楽しくなる具体例 30
サービスより、魔法を教えよう。

ディズニーシーの中にあるホテルミラコスタには、ビュッフェ形式のレストランがあります。

お客様のセルフのレストランは、サービスがあまりよくないことがあります。

ホテルミラコスタのビュッフェは違います。

デザートでアイスクリームをとってきて、ワーッとはしゃぎながら席に戻ると、スプーンを忘れていることに気づきます。

「アッ、忘れた」と振り返ると、スタッフがうしろにスプーンを持って立っています。

これが魔法です。

サービスではないのです。

サービスと魔法とは、根本的に違うのです。

「エッ、なんでわかったの？」というのが魔法なのです。

31

手品師になるには、まず手品に感動する人になることだ。

魔法の代表例が手品です。

手品師になるためには、まずは自分が手品に感動することです。

手品で人を感動させようとする人が多いのです。

人を感動させるためには、自分が感動することが大前提です。

ナマで手品を見ると、真横で見ても、うしろで見ても、言葉を失います。

「エーッ、なんで浮いているの、これが」と思っても、セリフが出てきません。

手品に感動できる人は、手品で人に魔法をかけることができるのです。

人を笑わせることのできる人は、まず、自分が笑う人です。

自分が笑わないで人を笑わせようとするのは、オヤジギャグです。

今が楽しくなる具体例

31

感動させる前に、感動しよう。

オヤジは人のギャグには笑いません。

自分のギャグがウケなかったら、ムッとして、もう一度説明したりします。

これが一番しんどいのです。

手品師に必要なのは、手先の器用さではありません。

手品の師匠に「手品でうまくなる人は何が違うんですか」と聞くと、「器用さは関係ありません。観察力です」という答えが返ってきました。

お客様は、「ここが怪《あや》しいに違いない」「この袖から何か出ている」「襟《えり》のところに何かある」というところで、ミスリードされています。

実はタネは真ん前に出ているのに、まったく気づきません。

観察力は、「今、観客がどこを見ているか」「何を怪しんでいるか」を見る力なのです。

32

富裕層は、モノより体験を求めている。

海外からの旅行者は、

① 庶民

② 富裕層

の2通りに分かれます。

インバウンドの旅行者は爆買いをし、寿司・カニ・焼肉食べ放題ツアーに行くものと思い込んでいます。

爆買いをしてビュッフェに行くのは、庶民です。

富裕層は、日本人が行かない地方へ行きます。

茶の湯体験をします。

今が楽しくなる具体例

32

一緒に食事より、一緒に勉強しよう。

食事よりも勉強、買い物よりも体験をしたいのです。

買い物は、インターネットでいくらでもできます。

インターネットで手に入らないものは、勉強と体験です。

どんな田舎に行っても富裕層の外国人がいます。

日本では、有料の解説がまだまだ少ないです。

勉強には、いくらでもお金を払います。

京都のお寺が少しでも拝観料をとると文句を言われるのは、世界の流れに逆行しています。

バチカン美術館は、チケットの種類が5段階ぐらいあります。

金額によって、入れるところ、入れないところ、説明がつくところに分かれています。

お金を払ってでも、より充実したサービスを求めているのです。

旅行では、モノよりも、体験が大切なのです。

33

生徒を、お客様にしない。自分で机を並べることで、絆が生まれる。

ダンススクールには、

① お客様

② 生徒

の2通りがいます。

どちらを集めるかです。

お客様は、ほめてもらいに来ています。

生徒は、成長を求めています。

ダンスにしても空手にしても、お客様主体のところは、級が上がることをモチベーションにしています。
級は、3級から2級、1級と上がります。
3級から一つ級が上がるのに1年ぐらいかかります。
1年で一つしか級が上がらないと、モチベーションが上がらなくて、やめます。
これがお客様です。
お客様はほめてほしいのです。
お客様を集めるスクールは、30級から始まります。
1カ月に1級ずつ上がるのです。
何かができたら上がるのではありません。
1カ月たてば自動的に級を上げることでモチベーションを保っているのです。
習いごとは、級が上がることをモチベーションにしないほうがいいのです。
生徒は長続きします。
お客様は、「あのスクールなら2週間で1級上げてくれるよ」というほうに行きます。
自分のレベルは上がっていません。

お客様扱いされていることに気づくことが大切です。

習いごとの教室が、いいところかどうかの違いは、どっちがほめてくれるかです。

自分の成長ではないのです。

ほめてもらいたい人は、厳しいところには行きません。

習いごとは、師匠と弟子の関係になるか、サービスマンとお客様の関係になるかの2通りしかないのです。


教室は、自分がお客様になるか、生徒になるかを選べます。

教室にも、
①　対・お客様
②　対・生徒
の2通りがあります。

対・お客様はお金儲けです。

中谷塾はボコボコにツッコミます。

それでも生徒が来ます。

中谷塾の東京校は、生徒が机を出して、生徒が片づけます。

スナック方式です。

これで絆《きずな》が生まれます。

武道の道場も同じです。

「授業料もとりながら、机も片づけさせるのか」と言う人は「私は客だぞ」と思っています。

リスペクトがありません。

塾は客商売ではないのです。

学校なのです。

今が楽しくなる具体例

33

お客様より、生徒をつくろう。

34 虫歯を治す歯医者より、虫歯にならない指導をする歯医者になる。

私は2カ月に1回歯医者さんに行きます。

2カ月間の歯磨きの仕方の悪いところをまず直されます。

「ここが磨けていないですね。ちょっとブラシを持って。鏡を持ってください。見ながら磨いてみてください。アーッ、当たってないですね」と優しく叱《しか》られます。

これをすると、お客様はいなくなります。

「それは歯医者さんがやってよ」という人が多いからです。

歯医者さんには、歯磨きなど教わらなくていいから虫歯を治してという人が来ます。

虫歯を治しても、虫歯にならないようにはしていません。

また虫歯になります。

治したほうがお客様は来るのです。

顧客は、虫歯を治してくれる歯医者さんを求めています。

歯の磨き方、虫歯にならない方法を教える歯医者さんには、お客様が来なくなります。

「まず、虫歯にならない状態をつくってから虫歯を治療しましょう。では、次回の予約を入れてください」と言うと、予約を入れたきり、来なくなります。

近所で治してくれるところへ行くのです。

「とりあえず治してもらえばいいんだ」という人は損していることに気づいていません。

あせって、本質的に取り組んでいないのです。

今が楽しくなる具体例

34 枝葉より、根っ子を治そう。

第5章

自分が好きなことより、人が困っていること。

35

ブラック企業とは、教育をしないで働かせることだ。ブラック社員とは、学ばないで、働く社員だ。

ブラック企業の定義を聞くと、たいてい「重労働で給料が安いところ」という答えが返ってきます。

そんな会社はたくさんあります。

その定義でいえば出版界は全部ブラック企業です。

私の知っている編集者はみんなイキイキ働いていています。

ブラック企業とは呼んでいません。

世の中のブラック企業の定義が間違っているのです。

ブラック企業とは、教育しないで働かせる会社です。

教育しないで働くと、どんな簡単な仕事でも、しんどくなります。

仕事量が増えると、「もっと人数を増やすか仕事量を減らしてくれ」と言います。

仕事を減らすと、一人の生産性は下がって、ますますしんどくなります。

さらに生産性を下げて、ますますしんどくなります。

悪循環になるのです。

教育があるかないかが、ブラック企業かブラック企業でないかの分かれ目です。

勉強しないで働くのが、ブラック社員です。

勉強しないで働く人は、自分で勝手にしんどくなっていきます。

勉強するから、仕事が楽しくなるのです。

野球選手は、入団時に能力があったらあとは何もしなくていいということはありません。

練習は続けます。

イチロー選手も練習しています。

錦織《にしこり》圭《けい》選手も、本田圭佑《けいすけ》選手も練習しています。

「しんどい」「給料が安い」と言うブラック社員は勉強していません。

「忙しくて勉強しているヒマがない」と言うのです。

ヒマがないから勉強して、生産性を上げるのです。

勉強して生産性が上がったら、10時間かかっていたことが5時間でできるようになります。

浮いた5時間でまた勉強できます。

さらに生産性が上がって、また勉強するという正のスパイラルに入っていくのです。

今が楽しくなる具体例 35

働くことで、学ぼう。

36 ディズニーよりも、ディズニーのスタッフをつくったことが勝因だ。

ディズニーランドのすごいところは、キャラクターやアトラクションだけではありません。

スタッフをつくるところがすごいのです。

ディズニーランドには、1万8000人のアルバイト君がいます。

お客様は、誰がアルバイトで、誰が正社員か、気づきません。

お客様が見ているのはほとんどアルバイトです。

正社員ではないのです。

アルバイトは、年間9000人入ってきます。

９０００人入ってきても、アルバイトの面接の倍率は、ほかの企業より、はるかに高いのです。

ディズニーランドにあるディズニー・ユニバーシティーには、スタッフを育てる教育システムができ上がっています。

第三セクターのテーマパークがディズニーランドをマネしても、次々潰《つぶ》れていきます。

アトラクションは面白くても、スタッフができていないのです。

ディズニーランドに行くと、駐車場のオジサンが、間違ってアトラクションに入ったかと思うくらい、感じがいいのです。

駐車場のオジサンなら、つっけんどんな感じでもいいのに、そこから違うのです。

秋元康《やすし》さんは、ＡＫＢをつくりました。

それをマネしたユニットが全国に１０００以上あります。

ところが、秋元さんは成功して、マネたものは成功していません。

秋元さんは、ＡＫＢをつくろうとしていません。

ＡＫＢを育てるスタッフをつくっています。

秋葉原の劇場は、６人の観客から始まりました。

お客様が定着するまでに時間がかかっています。

そのタイムラグを利用して、スタッフを育てていたのです。

お客様は、メディアに載れば瞬間で増えます。

お客様が増えても、スタッフが育っていなければ潰れます。

出版社は、すぐれた著者をつかまえても、続きません。

まず、すぐれた編集者をいかにつくることができるかが先決です。

ＡＫＢも、ディズニーランドも、みんなでき上がったものだけを見ます。

「いい著者をつかまえたね」

「いいアトラクションがあるね」

「いいタレントを見つけたね」

と言います。

それを支えるスタッフが肝心《かんじん》です。

世の中に顧客《こきゃく》は余っています。
お金も余っています。
一番大切なのは、スタッフを育てるシステムをどうつくるかです。
居酒屋は、予算はあります。
お客様もいます。
店長がいないのです。
店長をどう育てるかです。
店長を育てるのは、エリアマネジャーや研修係の仕事です。
あせっている人は、「立地が悪かった」「店長が体を壊したから」と言います。
店長が体を壊す理由は簡単です。
教育していないから、生産性が下がって、店長がますます重労働になるのです。
バス事故が起こるのも同じ理由です。
バスのドライバーへの教育プログラムができていません。
なり手がいなくて、重労働になっています。

同じ条件なら、バスよりもタクシーのドライバーになります。
バスのドライバーは60代、70代ばかりになります。
しかも、何も教わっていません。
教わる時間があったら稼いでこいと言われるのです。
それが重労働になります。
人手不足を乗り切るのは、教育以外の何ものでもないのです。
未来を変えていくのは教育です。
ここにどう力を入れていけるかなのです。

今が楽しくなる具体例

36

お客様より、まずスタッフをつくろう。

37

遠くに行くことが、冒険ではない。近くをどれだけ細かく見るかが、冒険だ。

何かに「気づくためには冒険をしたほうがいいですか」という質問には、「遠くまで行かなくていい」と答えています。

気づきは、１００キロ離れたところへ行って見つけることではありません。

「中谷さんは、ホテルへ行って10メートル歩いたら、いいところも悪いところも１００は見つけますね」と、オータパブリケイションズ社長の太田進さんに言われたことがあります。

これが気づきです。

遠くまで行くことではないのです。

どれだけ些細なものに気づけるかです。

些細なものにどれだけ一生懸命できるかです。

遠くへと思っている人は、遠くに行ったことに満足しています。

遠くへ行って、「それ、東京にもあるじゃん」という店に入ります。

遠くへ行っている意味がないのです。

道を渡ってもいない、老犬の散歩ぐらいのコースしか歩いていなくても、いろいろなものを見つけます。

「建もの探訪」の渡辺篤史《あつし》さんは、お宅に行ったら玄関に入るまでに1時間ぐらいかかります。

「ご主人、ちょっと待ってください。この壁……」と見てくれるのは、うれしいです。

ロケに時間がかかっていることが感じられます。

短い距離の中でどれだけのものを見つけられるかです。

中谷塾の遠足塾で、男子は苦手で女子が大喜びするのが、お庭です。

池泉回遊式《ちせんかいゆうしき》の庭は、真ん中に池があるところをめぐりながら行くようにつくってある、中世からの社交場です。

お庭は歩きながら楽しむ場なのです。

男子は、入口で「ハイ、わかりました。次へ行きましょう」と言って、まわらないのです。

ウンチクを披露する場所のない公園・庭園をどう楽しんでいいかわからないのです。

一緒に行った女性はウンチクなど求めていません。

先日、高校時代のデートコースだった浜寺公園に行きました。

お庭は手入れが行き届いていて、５０００本の松林があります。

曲がりくねった道には松葉がかき集められていて、歩くとフッカフカです。

フッカフカの上を黙って歩くだけでも男子・女子の反応はまったく違います。

男子は、神社仏閣なら、「創建は何年で」というウンチクが始まりますが、ただフカフカの上を歩くことを味わえないのです。

女性はこれが楽しいのです。

「なんだ、これは」という、捻挫《ねんざ》するくらいのフカフカさです。

踏むたびに、バランスボールの上のような、体幹が鍛えられるフカフカさで、松葉の香りが立ち上がります。
これを味わうことが、「気づく」ということなのです。

今が楽しくなる具体例
37

100キロ移動することより、10メートルに100の発見をしよう。

38 ダンドリどおりいかない体験を共有することで、仲よくなる。

中谷塾の遠足塾で学んでほしいのは、世の中は「ダンドリどおりいかない」ということです。

情報化社会は、ダンドリ優先です。

一番モテないのは、ダンドリの悪い男ではなく、ダンドリがズレた時に精神的に動揺する男です。

ある遠足塾で、通天閣・天王寺動物園コースを設定しました。

自分の中では自信満々のコースです。

ところが、通天閣で並んでいる途中で、その日は天王寺動物園が休みだとわかりました。

通常、遠足でこんなことは起こりません。

「事前に調べておけ」と言われるところです。

その時、みんなに動揺が走りました。

私は、まったく動揺していませんでした。

それなら別のところに行けばいいと思っていました。

通天閣に上がると、「今日は天気がいいので、屋上に出られます」と言われました。

いくらか料金を払って、一人ずつオペラグラスを渡されました。

露出している外の屋上へ出ると、風がピューピュー吹いています。

見ると、真下が天王寺動物園です。

休みの日のライオンがのんびりしているところが見えました。

『007』なら、パラシュートで降りていくところです。

大切なのは、あとで「こんな体験ができるなんて、天王寺動物園が休みで、むしろよかった」と思ってもらえることです。

女性が一番嫌うのは、男性にデートコースを下見されることです。

男性からすると、下見は女性に対するサービスのつもりです。

万が一のことがあってはいけないと思うからです。

女性にしてみれば、下見されたところを追体験しても共有感はありません。

その時点で、お客様扱いです。

男性が一番恐れているのは、行こうと思っていたところが潰れていたり休みだったりして、自分のメンツが潰れることです。

「ダンドリの悪い男」とだけは思われたくないのです。

実際は、臨機応変《りんきおうへん》力のない男のほうが最低です。

「臨機応変」と「ダンドリ」とは違います。

ダンドリは事前に用意しておくことです。

下見に行ったディズニーランドに一緒に行ってウンチクを傾けられても、楽しくありません。

「あとでこういうのが出てくるよ」と言われると、「先に言うなよ」と言いたくなります。

休みなら休みでもいいし、ゲロマズだったらゲロマズでもいいのです。

一緒に初めての体験をすることが楽しいのです。

遠足塾では、毎回、「走れ！」という瞬間があります。

中谷塾生は、私のマネをして、みんなスーツを着て帽子をかぶっています。

大阪の海遊館に行った時に、係の人が慌《あわ》てて走って来ました。

「すみません、許可をとられていますか」

「団体の人数ではないので、個別に入っていますけど」

「撮影でしょう？」

「ただの観光客です」

というやりとりがありました。

まわりの空間から浮いているので、映画の撮影に見えたのです。

海遊館で、サンタマリア号に乗ることにしていました。

私がつい魚の説明に熱が入って、楽勝だと思っていた乗船時間が思いのほかギリギリになってしまいました。

私が「走れ！」と言うと、みんなはサーッと走り出しました。

スーツを着た集団が一斉に走っているのです。
係の人に「やっぱり撮影じゃないか」と怒られました。
ダンドリどおりいかないそういう体験が、楽しいのです。

今が楽しくなる具体例

38

臨機応変に強くなろう。

39
「ターゲット」から考えない。

「講師になるためにはどうしたらいいんでしょう」と言う人の名刺を見たら、肩書きがいくつも書かれていました。

私は、「肩書きはいくつも書かないで一つにしたほうがいいよ。シロウトくさいし、一つで食べていけない人だという印象を与えるから」とアドバイスしました。

すると、「どの肩書きにしたらいいでしょうか」と言います。

これは、「好きな人を誰にしたらいいでしょうか」という質問と同じです。

肩書きをたくさん並べるのは、どれもパートタイムで専門がないからです。

「ターゲットはどう絞ればいいですか」という質問が出ます。

私は人を育てる仕事をしていますが、ターゲットという意識はありません。

「あなたがターゲット」と言われるのは、うれしくありません。

「あなたはリピーター」「リピーターの方が来られました」と言われるのは、もっとうれしくないです。

「常連さん」にはなりたいです。

リピーターにはなりたくなくても、お店はリピーターが欲しいのです。

お店側は、囲い込もうとします。

お客様側は、囲い込まれたくないのです。

出版社の経営者も、読者を囲い込もうとします。

読者は、囲い込まれたいと思って生きているわけではありません。

本の書き方、講師のなり方のような本だけでなく、著者が「ターゲット」という言葉の使い方を間違っていることがあります。

どうしてもターゲットの奴隷《どれい》になるのです。

ターゲットは「お客様」です。

お客様はいなくなります。

自由だから、一瞬の関係です。

生徒は、恩師や師匠と一生の関係です。

お客様と生徒は、関係の長さが違うのです。

師匠と弟子をパートタイムで考えることはできません。

たとえば、私がマナーについて教える時は、姿勢・ビジネス・話し方について研究します。

私の先生に教わりながら極めています。

そこで「教えてください」と言う人に「僕の教わったものを全部教えてあげよう」と思うのです。

「教えてあげたい。誰か教えてほしい人はいませんか」と探すヒマがあったら、研究に充《あ》てます。

根本的に違うのです。

ファーストクラスに乗る人は、先生のもとで、みずから学びます。

そういう人にこそ、まわりの人も学びたいと思うのです。

ファーストクラスに乗れない人は、「私のお客様はいませんか」と探しています。
探すという「営業」をしています。
営業する時間があるために、研究ができなくなっているのです。

今が楽しくなる具体例 39

お客様より、自分の興味から発想しよう。

40 目の前の人を助けたいと思うことが、労働意欲だ。

その人が勉強したかどうかは、いちいち学歴を言わなくてもわかります。

「働きたい」という労働意欲が湧いたら、それはその人が勉強してきたということです。

「働きたいんですけど、好きなものがなかなか見つからないんです」と言う人たちが多いのです。

「好きなものをしたい」というのは、労働意欲とは言いません。

「なんでもいいから、人の役に立ちたい」というのが、労働意欲です。

「好きな人を助けたい」というボランティアは、ないのです。

道で倒れている人がいたら、「大丈夫ですか」「１１９番してください」「ＡＥＤを持って来てください」と言うのが、人を助けるということです。

「人を助ける」の定義は、「困っている人がいたら助ける」ということです。

ここに好みは入りません。

倒れている人がタイプでなければ通りすぎるのは、人助けとは言いません。

ただエロい気持ちでいるだけです。

好きなことを探している人は、労働意欲がないのです。

目の前に倒れている人がいたら、その一人を助けます。

それが世界中の人を助けることになります。

目の前の一人を助けられない人は、誰ひとり助けることができないのです。

私は救命救急の講習で、胸骨圧迫の方法よりも、もっと深いことを教わりました。

人が倒れていると、「大変だ、大変だ」「大丈夫か、大丈夫か」と言いながら、まわりで見ているだけの人が多いのです。

「これを専門用語でなんと言うか知っていますか」と、救急救命士の教官に聞かれました。

私は消防大学で教えていながら、その専門用語を知りませんでした。

「これはちょっとむずかしい言葉なんですけど、覚えて帰ってください。これを専門用語で『ヤジ馬』と言います」と言われました。

「人助け」とは、ヤジ馬を抜け出すことです。

情報化社会は、ヤジ馬が圧倒的に増える社会です。

労働意欲とは、ヤジ馬を抜け出すことです。

「人の役に立ちたい」「人を助けたい」ということが労働意欲です。

「お金を稼ぎたい」「ほめられたい」「感謝されたい」というのは、労働意欲とは相反するものです。

それは、ただの交換です。

人の役に立つことではないのです。

好きなことより、まずは目の前の人を助けます。

目の前に倒れている人が好きかどうかは関係ありません。

自分の好きなものを探している人は、まわりに倒れている人がたくさんいるのに、助けようとしないのです。

私が『メンタツ』を書いたのも、私のところにOB訪問の学生がムチャクチャ来るからです。

就活の時は、私も震える思いで当時のダイヤル式の電話で先輩に連絡をしていました。

「この人が自分の人生を決めるのではないか」とまで思い詰めていたのです。

それで先輩に会ってもらって、とりとめのない話で先輩の時間を奪っていました。

その恩返しを、今度は私の後輩にするために、『メンタツ』が生まれたのです。

今が楽しくなる具体例

40

好きなことより、目の前の人を助けよう。

第6章

長く続けることがブランドになる。

41

流行ってないものが、勝てる。

企画会議で「市場はどれぐらいあるか」「顧客はどれぐらいいるか」という議論をすると、その企画は潰れます。

必ず「少ないよね」という話になるのです。

市場の大きいものは競合も多いのです。

成功するかどうかは、顧客の数は関係ありません。

大切なのは、「顧客数」÷「事業者数」です。

顧客の多いものは事業者数も多いのです。

たいていの事業者は顧客の多いところを狙います。

顧客の少ないものは、事業者がほとんどいません。

今が楽しくなる具体例

41

市場の小さいものを、考えよう。

究極、事業者が一つになります。そうなると、総取りです。

競争が起こらないので、一人勝ちできるのです。

効率が悪いので、大手は入ってきません。

市場の小さいものは、一人でも商社に勝てるし、電通に勝てるのです。

就活の本に誰も手を出さないのは、顧客が40万人しかいないからです。

実際、本は40万人に確実に売れればいいのです。

たとえば、トラックの運転手さんにだけ売れる演歌歌手がいます。

トラックの運転手さんの数は知れています。

それでも、トラックの運転手さんみんなが買えば、それでいいのです。

缶コーヒーでも、トラックの運転手さんだけが買う缶コーヒーがあれば、確実に売れます。

市場が小さければ小さいほど顧客の顔がよく見えるので、より適切な対応ができるのです。

42 宿題以外のアイデアのほうが、浮かびやすい。

企画を考える時は、2つ以上を同時に考えます。
そのほうがアイデアが浮かびます。
一つの宿題だけ考えても、なかなか浮かばないのです。
アイデアは、脳が集中している時は出てきません。
1回ギュッと集中して、なおかつそれを緩和《かんわ》した瞬間に出てきます。
考えるのは締《し》めることです。
締めた状態から、どう緩《ゆる》めるかです。
たとえば、AとBの2つの企画を考えます。
Aを考えていると、Bのアイデアが浮かびます。

Bを考えていると、Aのアイデアが浮かびます。

船は2台一緒につくったほうが早いし、マンションもツインタワーで建てるほうが早いのです。

アイデアも、ビルや船と同じです。

Aの企画を考えている時にBのアイデアが出てきたら、それをBのところにメモしておけばいいだけです。

2本立てで企画を考えるのが、一番効率がいいのです。

ほとんどの人が、まずAを考えてからBを考えようとします。

Aを考えている時にBのアイデアが浮かんでも、メモしておかないのです。

企画を提出したあとにアイデアが出ることが、よくあります。

それは、締めていたものを緩めた瞬間です。

私は、2つの宿題を持って映画を見に行きます。

「この映画を見る間に、この企画とこの企画を出すぞ」と、1回締めます。

映画を楽しんでいる間は緩めます。

3つのことを同時並行することで、Aの企画とBの企画が出てくるのです。

映画の批評を書く時も、この方法が使えます。

映画の面白いところは、最初の30分で見つかります。

『ティファニーで朝食を』では、オードリー・ヘップバーンが登場する時に男物の燕《えん》尾《び》服のシャツを着ているのが、映画的にうまいのです。

これでこの映画の批評が書けます。

あとはラクラク見られます。

ついでに企画も考えられるのです。

今が楽しくなる具体例

42

2つ以上の企画を、同時に考えよう。

43 大勢より、熱狂的な一人をつくる。

講演では、聴講のお客様を大勢集めようとします。
大勢のお客様を簡単に集めるには、一人ひとりを薄めます。
一人ひとりの熱を下げてしまえば、大勢集めることができるのです。
この「大勢」は、財産ではありません。
すぐいなくなります。
よそのもっと面白い・安い・便利なものへと流れていくのです。
流行にも左右されます。
大切なのは、一人の熱狂的な支持者をつくることです。
新しく仕事を立ち上げると、一人の熱狂的な支持者がお客様を勝手に連れてきてくれます。

お客様が少なければ、その一人ひとりに集中的にサービスができるので、熱狂的な人をつくれるのです。

企画も同じです。

企画はとんがったもののほうがいいのです。

「ここまでとんがったら顧客数が減るよね。もう少し薄めておいたほうが顧客を増やせるよ」ということをすると、その時は買ってくれても、その次はもう買ってくれません。

とんがらせることで、一人の熱狂的な支持者を生みます。

まず、これを目指すことが大切なのです。

今が楽しくなる具体例

43

大勢を満足させようとしない。

44 大きいだけでは、長持ちしない。

二流は「大きい」を目指します。

一流は「長く」を目指します。

長く続いているのがカッコいいことで、「大きい」を目指そうとは思っていないのです。

これが京都のカウンター割烹《かっぽう》です。

カウンター割烹は8席です。

東京から「チェーン展開していきましょう」と声がかかっても、「そんなのカッコ悪いですし」と断ります。

8人席で、メニューがないかわりに、つくりたいものをつくって、11時になったら、お店に来た芸妓《げいこ》さんたちと三味線《しゃみせん》でも持って遊びに行くというライフスタイルを持っています。

半年先まで予約はとれません。

「これでいいんです。これで何百年も続いているんです」と言うのです。

長く続くことを大切にしているのです。

これが一流と二流の分かれ目です。

ロングセラーとベストセラーの違いにも同じことが言えます。

ベストセラーは、その年にいくらでもつくることができます。

瞬間的な最大風速を上げるのか、一生つき合っていく読者とつながるかで、大きく分かれるのです。

私は、土江さんと一冊目の『面接の達人』を出しました。

これを売ろうとはまったく思っていませんでした。

「『面接の達人』が本になったら、僕は今までのように自分でコピーをとらなくてもよくなる、助かった」と思っていました。

それが、あれよあれよという間に売れました。

よけたバットに当たったボールが内野安打からランニングホームランになり、うかうかしていると2周ぐらいまわってしまいそうだという時に、土江さんと相談しました。

「せっかく売れたから、来年版もつくるけど、今、土江さんの会社で売れている本は何ですか」と聞きました。

土江さんは「ダイヤモンド社ではなくてダイヤモンド・ビッグ社の、就職本以外で『地球の歩き方』という本が売れています」と言いました。

当時、海外旅行に行く人は、黄色い表紙に青い線の本をみんな持っていました。

「あのシリーズは売れているね。何冊ぐらいあるの？」

「100冊ぐらいありますかね」

「よし、『面接の達人』で『地球の歩き方』を吸収合併しよう。10年後は『面接の達人卒業旅行シンガポール2001』で行こう。就職は世界中で起こっているから、世界をまたにかけて、2人で一周旅行しよう」

「いいですね」

と、通常、1年目にはしないような未来のことを2人で語っていたのです。

まだメールのない時代でした。

使い方を覚えたばかりのＦＡＸでのやりとりです。

10年後には、韓国でベストセラーになって、一緒に講演に行きました。

韓国経済新聞社で私が講演しているのを土江さんがビデオに撮ってくれました。

『メンタツ』をつくって、土江さんと2人で一緒に学校の生協や会社の人事部をまわって売りに行っていた時代に、10年後には世界を一緒にまわろうと言っていたのが実現したなと心の中で思いながら講演していたら、少し泣けてきました。

土江さんも、「私もビデオを撮りながら同じことを思い出していました」と言っていました。

今が楽しくなる具体例

44

「大きく」より、「長く」を目指す。

45
どこからを準備と考えるかで、勝負はついている。

講演のあと、駅まで送ってもらった車の中で、「今日のような講演の場合、中谷先生はどれぐらい準備されるんですか」と聞かれました。

これは、どこから準備と考えるかで違います。

準備には2通りあります。私が聞かれたのは、今回、講演が決まって、原稿をまとめるのに要した時間です。ネタを集めることにかけた時間は入っていません。

レジュメをつくる時間を「準備」と言っています。その時間はたかが知れています。ネタを集めて醸成《じょうせい》して、取り除いていというプロセスを入れたら、無限です。

生まれてこの方の24時間×365日が準備です。

野村克也監督は、選手に「準備しているのか」と声をかけます。

「しています」という選手に、さらに聞きます。

「準備ってどこから言ってんねん」

「明日対戦する投手はどういうクセがあるかです」

「違うわ。手洗い・うがいからや」

常日ごろから手洗い・うがいをしていることで、風邪を引かないし、体を壊しません。

睡眠をとることも準備です。明日の対戦投手のシミュレーションは、誰でもすることです。

準備をどれだけ遠くからできるかです。

「一冊の本を書くのにどれくらいの時間がかかるんですか」は、「講演のレジュメをつくるのにどれくらいの時間がかかるんですか」と同じです。

櫻井秀勲《ひでのり》さんは85歳ですが、一冊の本を書くまでには85年をかけています。

スピーチ一つでも、準備に85年かけたことを話しているのです。

今が楽しくなる具体例

45 準備は、24時間×365日しよう。

46 毎回、指名を変えるより、永久指名のほうが、ムダな説明が省ける。

仲良しの社長は、キャバクラに行くたびに女のコの指名を変えます。

社長は、「これが楽しいんやんか」と言います。

私は話したいから永久指名です。

初対面の人と、前から知っている人とでは、話す中身の深さが違います。

初めてのコばかりだと、「エーッ、お酒飲めないんですか？　見えなーい」で15分、「血液型、何ですか？　見えなーい」で15分です。

交代するまでのワンユニット30分間は、お酒が飲めるか飲めないかと血液型の話だけです。

上滑《うわすべ》りの会話を1日6回するのです。

ほかは何も会話していません。

「テープをまわしておくから、コピーを渡させてもらっていいですか」と言いたいくらいです。

永久指名なら、最初からウーロン茶をつくっておいてくれます。

それに対する説明がいらないのです。

ムダな説明が省《はぶ》けます。

お客様や、自分がかかわっているまわりのスタッフに、同じことを2回聞かないですむのがブランドです。

2回目に行ったお寿司屋さんで「お嫌いなモノはありますか」と聞かれたら、ムッとします。デートで「苦手なものはなんだっけ」と2回聞いたら終わりです。

覚えてもらっていなかったということです。

あとのドリンクはコーヒーなのか、紅茶なのかも決まっています。

アイス・ブラックを絡《から》めても4通りです。

今が楽しく
なる具体例
46

永久指名しよう。

「覚えておこうよ」です。

毎回聞くのは、データのインプットがないということです。

私は、東京へ来てから美容院は3軒しか行っていません。

最初に行ったのが、予備校時代、いきなり入った御茶ノ水の美容院です。

次が、彼女の行っていた早稲田の美容院です。

そして、今行っている美容院です。

美容院は、私の読書タイムです。

カバンに入るだけの本を持っていって、2時間の間に読み切ります。

本を読んでいることについて毎回ツッ込まずに、集中させてくれる美容院に行っています。

めんどくさいことを省けるのがブランドです。

関係は、こうして分かれているのです。

47

ブランドとは、「それがないと困るもの」だ。

ブランドは、企業とお客様の間にあります。
個人と個人の間にもあります。
ブランドの定義をみんな勘違いしています。
プレステージや箔《はく》、格が上のことだと思っています。
究極は、ロゴのイメージです。
ブランドとは、人生でそれがないと困るもののことです。
相手にとって、なくてはならない存在が、ブランドです。
喜んでもらうことをしたり、サービスすることがブランドではないのです。
お寿司屋さんに行って、お土産をつけてくれるという体験を一回したら、ほかの男性とお寿司屋さんに行った時に「お土産がなかった」と寂しい思いをします。

ホテルに行った帰りにはジュースの一杯をというのが、ブランドです。

ブランドで大切なのは、あせらないことです。

時間的にあせっていたら、ブランドをつくることはできません。

ほとんどの人は、一気にブランドがつくれないかと思っています。

あせりは、ブランドと真逆のところにあります。

あせる人は、「宣伝したほうがいいですよ」という人にだまされます。

私は、あるチャリティーの団体に協力しています。

「今年は寄附がこれだけ集まりました。昨年よりもこんなに増えました」という報告があります。

私は「増えすぎ」と言いました。

今年増えすぎたら、来年がしんどくなります。

寄附は少しずつ増やしていけば、毎年増えます。

一気に増えたら、増えた年より下がると、その次はもっと下がります。

これがブランドのイメージです。
徐々に徐々に進めるうちに、スタッフが育ちます。
お客様やお金が育つよりも先にスタッフを育てるのです。
これは自分について考えればわかります。
自分の能力がつく前に収入が増えたら、能力が追いつかなくて下り坂になります。
自分の能力よりも収入が遅れて増えていくことで、上り坂を続けられるのです。

今が楽しくなる具体例
47
いなくては困る存在になろう。

48

ブランドとは、愛情だ。愛情とは、諦めないこと。時間をかけて、つくることだ。

中谷塾を始めて9年目になります。塾の教育を9年続けるのは大変なことです。
「どうしたらそんなに続けられるんですか」と、みんなが質問します。
愛です。
愛がないと続けられません。
お金儲けでは効率が悪すぎて、途中でくじけるのです。
生徒数は、立ち上げた時から下がっていきます。
下がっている間が耐えられなくなります。
効率が悪いことを、少人数に、赤字が出るような収益率で続けているのです。

講師がどんなに頑張っても、生徒が気づいてくれるまでには時間がかかります。

講師の仕事は、生徒が気づくまで待ち続けることです。

完全に胸骨圧迫と同じ状態です。

救命救急士の教官に「胸骨圧迫は、いつまでやるんですか」と聞くと、「生き返るまで」と言われました。これはすばらしいことです。

お金儲けをしている人は、ここで諦《あきら》めます。「私も愛があります。でも、諦めそうになっています」というのは、愛の定義が間違っています。

愛とは諦めないことです。

相手が諦めても、自分は諦めないようにします。

どこまでも時間をかけてつくることが、結果、ブランドになるのです。

今が楽しくなる具体例

48

時間をかけて、愛をつくろう。

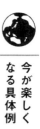

第7章

攻めの企画で未来は広がっていく。

49

プールに行ったら、豪華な食事より、きつねうどんとおでんが最高。

中谷塾で、浜寺公園に行きました。

浜寺公園は、私が子どもの時、水練学校に行っていたところです。

そこでごはんを食べることになりました。浜寺公園は高校生のデートコースで、プールがあります。プールは、シーズンではないので閉まっていました。

そこに食堂があります。

プールのある公園に行ったら、フレンチではなくて、その食堂で食べたいです。

注文するのは、きつねうどんとおでんです。

カツカレーでもありません。カツカレーは季語が違うのです。カツカレーは冬の季語です。

きつねうどんは、夏、プールで冷えた体を温めます。

カツ丼、カツカレーはスキー場のレストハウスの食べ物です。

中谷塾には俳句のコーナーがあります。

季語を入れるのです。

季語がない人は、季節感よりも、値段の高いフレンチを選びます。

文化的な人は、季節感を細やかに感じます。

お茶室に入れば、今の季節の掛軸《かけじく》に気づきます。活けられている花に「もう春だな」と感じます。どれも季語です。

フレンチには、フレンチを食べる状況があります。

きつねうどんには、きつねうどんを食べる状況があります。

「好きなものを選んでいいよ」と言いながら、プールのある公園の食堂では、きつねうどんを食べるのです。

今が楽しくなる具体例

49 企画に、季語を入れよう。

50

お寿司より、お土産で差がつく。

勝負は、メインではなくて、オマケで決まります。
プレゼントは、メインのモノで頑張ります。
大切なのは、あと一つのオマケです。
モテない男性は、ホテルに行ったら、そのまま直行で帰ります。
モテる男性は、「生ジュースを売っているから、飲んで帰ろう」と言います。
帰りに一口飲むか飲まないかは大きいです。
私の父親は、独身時代、仕事の関係でお見合いをしなければいけなくなりました。
断られようとしてステテコ姿で行きました。
向こうは、正装です。

すればいいだけのお見合いとはいえ、男性側からは断りにくいものです。先方から「この方はちょっと……」と断られれば、義理を果たせます。

父親は当時、お寿司屋さんを3軒ハシゴする生活をしていました。

お寿司が好きで、お寿司屋さんで飲むのです。

母親は、お寿司屋さんでバイトしていて知り合い、今日、私がここにいます。

ステテコ姿でお寿司屋さんに女性を連れていき、これで呆《あき》れられただろうと思ったにもかかわらず、父親は「お母さんにこれを持って帰ってあげて」とお寿司のお土産をつけて気に入られました。

モテない男性は、これがなかなかできません。

高いお寿司をごちそうして、ホテルに誘って「今日は母親が待っているので、今度ね」と言われたら、即解散です。

お土産はありません。

モテる男性は、「お母さんが具合悪いなら、これを持って帰ってあげて」と、プラス1％の寿司折を持たせます。

あと1%の余裕があるのです。

モテない男性は「もう時間もないから」と言います。
1分間ゆっくりしようという発想がないのです。
1分間ではゆっくりできないというのは、二流です。
一流は、1分間分の余裕があるのです。

今が楽しくなる具体例

50

あと1%のオマケをつけよう。

51 あらゆる知恵は、人から学べる。

『ホテルの達人』という本をつくる時に、最初に来た依頼は、ホテルに就職したい人たちのために、ホテルの仕事の説明をするというものでした。

コンシェルジュはこういう仕事、ドアマンはこういう仕事、フロントはこういう仕事という説明は、誰にでもできます。

そんな本に興味はないし、自分でも書きたくありませんでした。

私が書きたいのは、コンシェルジュの達人の話、ドアマンの達人の話、フロントの達人の話です。

その人だけが知っている、仕事の面白味があるのです。

人によって、面白がり方の奥義は違います。

そういう本なら書きたいのです。

結局、それぞれの達人に会って話を聞くという形で『ホテルの達人』という本ができました。

私の本は、すべて「人」です。

最初に出した『農耕派サラリーマンＶＳ．狩猟派サラリーマン』も『面接の達人』も、あとから出した『運を味方にする達人』も『大人の恋の達人』も、ずっと「人」を描いてきました。

面白がり方は人から伝わります。

マニュアルやトリセツから伝わるものではないのです。

今が楽しくなる具体例

51

トリセツより、人から学ぼう。

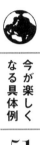

52

ホームの仕事ばかりしていると、脳が停止する。

私のところに、ヘンな仕事の依頼が時々舞い込んできます。
今までしたこともない仕事です。私は、そういう仕事も受けることにしています。
仕事には、「ホームの仕事」と「アウエーの仕事」とがあります。
ついついホームの仕事ばかりしてしまいがちです。
そうすると、脳が停止します。マンネリ化を起こすのです。
アウエーの仕事をすると、ドキドキします。
人間にも、「ホームの人」と「アウエーの人」とがいます。
悩みごとの多い人は、ホームの人にしか会わない人です。
そういう人は世界が小さくなります。

世界が小さくなると、悩みごとが大きく感じるのです。

アウエーの人に会うと、上には上、下には下がいることがわかります。

私は、予備校時代、自分が気が弱いことを悩んでいました。

ところが、寮に入ると、自分よりもっと気の弱い人がいるのです。

はんぱではない気の弱さです。

それを考えると、自分の気の弱さはまだまだだということがわかります。

これが「世界が広がる」ということです。

アウエーの仕事は、ヘンな仕事、先の読めない仕事、どうなるかわからない仕事、ひょっとしたらしくじるかもしれない仕事です。

避けようと思えば避けられます。

それをできるだけ取り込んでいくことが大切なのです。

今が楽しくなる具体例

52

常にアウエーの仕事も入れよう。

53 何をするかより、どうやるか。

仕事の選び方では、ほとんどの人が「何をするか」を探しています。
なるべくいい仕事をしたいのです。
私は、「これをお願いします」と出されたものは、なんでもします。
「何をするか」は、どうでもいいのです。
「どうやるか」のほうが大切です。
自分で、その仕事を面白がればいいのです。
つまらなそうに見える仕事は、楽しんでする方法を考えます。
自分なりの仕事の仕方は、わかっています。
お客様から注文を受けたら、自分なりの料理の仕方を考えるのです。

企画会議に企画書はいりません。

「今、こんな本が売れています。それを中谷さんが書いたら面白いと思うな」という発想で、ポンと持ってきてもらえばいいのです。

同じテーマでも、同じようにはなりません。

企画者は、それでは失礼だと思って、企画書をつくろうとします。

企画を立てるのは、私です。

持って来るのは、企画の断片やワンワードでいいのです。

今が楽しくなる具体例

53 することは選ばないで、やり方を選ぼう。

54
未来は、仮説から生まれる。

仮説には根拠も証拠もいりません。

「こうなる」「こうする」と、言い切ればいいのです。

「こうなるんじゃないかな」「こうなればいいな」というレベルでは、絶対に実現しません。

言い切ることで、人を巻き込んでいけます。

そのためには覚悟がいります。

演出家の仕事で大変なのは、どちらでもいいことをどちらか選ばなければならないことです。

AとBを選ぶ時に、「AではなくBなんだよ」と言い切ります。

心の中で「しまった」と思っても、まわりに「Bでよかったね」「結果オーライだったね」と思わせるために頑張ります。

そこで逃げてはいけないのです。

「しまった」と思っても、あと戻りする必要はありません。

決断は、どちらも正解です。

決断したあとに、自分が選んだほうをどれだけ頑張るかということなのです。

今が楽しくなる具体例

54

仮説を、言い切ろう。

55 守りのアイデアに、勝ちはない。

選択肢が2つある時は、守りのA案と攻めのB案とに分かれます。
ここが勝負です。
ついつい守りに入ってしまいがちです。
守りに「勝ち」はありません。
世の中には既存の強者がいます。
その中に割って入るのが革命者です。
失敗しない守りの方法では革命は起こせません。
革命を起こすなら、攻めのアイデアしかないのです。
最低なのは、引き分けで勝ち点1を狙うことです。

しかも、開幕戦のホームです。
これでファンは逃げます。
攻めてカラ振りしても、ファンや監督は怒りません。
一番いけないのは、見逃しの三振です。
ハーフスイングをすると、そのあとの自分の生き方までくじけてきます。
企画は、必ず攻めと守りとに分かれます。
攻めと攻め、守りと守りで迷うことはないのです。
大手から独立してベンチャーになった人は、不安です。
つい守りに入ろうとします。
それではベンチャーになった意味がありません。
大手にいるなら、守りでもいいのです。
「攻め」しか選択肢がないことがベンチャーの強みです。
「これをしないと潰れる」というところで、フォアボールは選んでいられません。
ホームランしかないのです。

守りに入っていることに、本人は気づきません。

「この人を応援してあげたい」と思うのは、攻めている人です。

ついていきたくなる人は、リスクを背負って、チャレンジする覚悟を持っている人です。

守りに入っている人には、誰も応援しようとは思わないのです。

今が楽しくなる具体例

55 つい守りに入っていることに、気づこう。

56

価値は、数ではかれない。

数で評価できないものを選ぶのが、一流です。

数値化できるものしか信じないのが、二流です。

評価には、「数値化できるもの」と「数値化できないもの」とがあります。

一番大切な評価は、数値化できないのです。

たとえば、「楽しい」は数値化できません。

アンケートは、一見、数値ではかれるように思います。

「5」に「○」をつけている人が、みんな同じ楽しさということではありません。

「5」までしかないから、仕方なく「5」に花丸を書いている人もいます。

気を使って「5」に「○」をつけている人もいます。

これを同じ「5点」とは言えません。

景品が欲しいから、とりあえず「5」につけておく人もいます。

熱烈なファンが、怒って「1」にします。

とりあえずの「5」より、怒っている人の「1」のほうが、熱が高いのです。

これも数値化できません。

数値化できないものを、どれだけ集められるかです。

それは自分の肌で感じ取ります。

これが発想です。

データは、もちろん大切です。

でも、それがすべてではありません。

数値化できないものの配点は、圧倒的に大きいのです。

今が楽しくなる具体例

56

数値化できない価値を持とう。

57

おわりに――

情報ではなく、考え方を持っている人が成功する。

何かを習う時に、情報を教わろうとする人がいます。

この本で伝えたいことは、情報ではなく、発想です。

発想は、情報とは逆のことです。

情報は、世の中にたくさんあります。

「発想」イコール「考え方」です。

「あの人のようになりたい」と思ったら、「あの人の考え方」を学べばいいのです。

「あの人は、こんな時どうするか」ということがわかったら、違うシチュエーションでも、それを適用できます。

考え方を学んでいないと、少しでもシチュエーションが違う時に「それは教わっていません」ということになるのです。

お金がテーマの講座をすると、必ず「で、どこの株を買えばいいんですか」と言う人がいます。

大切なのは、今しか通用しないことではありません。

情報化社会であればあるほど、いかに考え方を手に入れるかが大切になるのです。

今が楽しくなる具体例

57

情報ではなく、考え方を学ぼう。

『服を変えると、人生が変わる』
（秀和システム）
『なぜあの人は40代からモテるのか』
（主婦の友社）
『一流の時間の使い方』**（リベラル社）**
『輝く女性に贈る　中谷彰宏の魔法の言葉』
（主婦の友社）
『名前を聞く前に、キスをしよう。』
（ミライカナイブックス）
『ほめた自分がハッピーになる「止まらなくなる、ほめ力」』**（パブラボ）**
『なぜかモテる人がしている42のこと』
（イースト・プレス　文庫ぎんが堂）
『一流の人が言わない50のこと』
（日本実業出版社）
『「ひと言」力。』**（パブラボ）**
『一流の男　一流の風格』**（日本実業出版社）**
『「あと１年でどうにかしたい」と思ったら読む本』**（主婦の友社）**
『変える力。』**（世界文化社）**
『なぜあの人は感情の整理がうまいのか』
（中経出版）
『人は誰でも講師になれる』
（日本経済新聞出版社）
『会社で自由に生きる法』
（日本経済新聞出版社）
『全力で、1ミリ進もう。』**（文芸社文庫）**
『だからあの人のメンタルは強い。』
（世界文化社）
『「気がきくね」と言われる人のシンプルな法則』**（総合法令出版）**
『だからあの人に運が味方する。』
（世界文化社）
『だからあの人に運が味方する。（講義DVD付き）』**（世界文化社）**
『なぜあの人は強いのか』**（講談社＋α文庫）**
『占いを活かせる人、ムダにする人』**（講談社）**
『贅沢なキスをしよう。』**（文芸社文庫）**
『3分で幸せになる「小さな魔法」』
（マキノ出版）
『大人になってからもう一度受けたいコミュニケーションの授業』
（アクセス・パブリッシング）
『運とチャンスは「アウェイ」にある』
（ファーストプレス）
『「出る杭」な君の活かしかた』
（明日香出版社）
『大人の教科書』**（きこ書房）**
『モテるオヤジの作法2』**（ぜんにち出版）**
『かわいげのある女』**（ぜんにち出版）**
『壁に当たるのは気モチイイ人生もエッチも』**（サンクチュアリ出版）**
『ハートフルセックス』［新書］
（KKロングセラーズ）
書画集『会う人みんな神さま』**（DHC）**
ポストカード『会う人みんな神さま』
（DHC）

［面接の達人］**（ダイヤモンド社）**

『面接の達人　バイブル版』
『面接の達人　面接・エントリーシート問題集』

【PHP研究所】
『なぜランチタイムに本を読む人は、成功するのか。』
『なぜあの人は余裕があるのか。』
『中学時代にガンバれる40の言葉』
『叱られる勇気』
『40歳を過ぎたら「これ」を捨てよう。』
『中学時代がハッピーになる30のこと』
『頑張ってもうまくいかなかった夜に読む本』
『仕事は、こんなに面白い。』
『14歳からの人生哲学』
『受験生すぐにできる50のこと』
『高校受験すぐにできる40のこと』
『ほんのささいなことに、恋の幸せがある。』
『高校時代にしておく50のこと』
『中学時代にしておく50のこと』

【PHP文庫】
『もう一度会いたくなる人の話し方』
『お金持ちは、お札の向きがそろっている。』
『たった3分で愛される人になる』
『自分で考える人が成功する』
『大人の友達を作ろう。』
『大学時代しなければならない50のこと』

【大和書房】
『結果がついてくる人の法則58』

【だいわ文庫】
『「つらいな」と思ったとき読む本』
『27歳からのいい女養成講座』
『なぜか「HAPPY」な女性の習慣』
『なぜか「美人」に見える女性の習慣』
『いい女の教科書』
『いい女恋愛塾』
『やさしいだけの男と、別れよう。』
『「女を楽しませる」ことが男の最高の仕事。』
『いい女練習帳』
『男は女で修行する。』

【学研プラス】
『美人力』
『魅惑力』
『冒険力』
『変身力』
『セクシーなお金術』
『セクシーな会話術』
『セクシーな仕事術』
『口説きません、魔法をかけるだけ。』
『強引に、優しく。』

【阪急コミュニケーションズ】
『いい男をつかまえる恋愛会話力』
『サクセス＆ハッピーになる50の方法』

【あさ出版】
『「いつまでもクヨクヨしたくない」とき読む本』
『「イライラしてるな」と思ったとき読む本』
『「つらいな」と思ったとき読む本』

【きずな出版】
『いい女は「言いなりになりたい男」とつきあう。』
『いい女は「変身させてくれる男」とつきあう。』
『ファーストクラスに乗る人の人間関係』
『ファーストクラスに乗る人の人脈』
『ファーストクラスに乗る人のお金2』
『ファーストクラスに乗る人の仕事』
『ファーストクラスに乗る人の教育』
『ファーストクラスに乗る人の勉強』
『ファーストクラスに乗る人のお金』
『ファーストクラスに乗る人のノート』
『ギリギリセーーフ』

【ぱる出版】
『なぜ、あの人は「本番」に強いのか』
『セクシーな男、男前な女。』
『運のある人、運のない人』
『器の大きい人、小さい人』
『品のある人、品のない人』

【リベラル社】
『一流の話し方』
『一流のお金の生み出し方』
『一流の思考の作り方』
『一流の時間の使い方』

『ホテルで朝食を食べる人は、うまくいく。』
『なぜいい女は「大人の男」とつきあうのか。』
『服を変えると、人生が変わる。』
（秀和システム）
『「人脈」を「お金」にかえる勉強』
『「学び」を「お金」にかえる勉強』
（水王舎）
『「お金持ち」の時間術』
（二見書房・二見レインボー文庫）

【PHP研究所】
『[図解]お金も幸せも手に入れる本』
『もう一度会いたくなる人の聞く力』
『もう一度会いたくなる人の話し方』
『[図解]仕事ができる人の時間の使い方』
『仕事の極め方』
『[図解]「できる人」のスピード整理術』
『[図解]「できる人」の時間活用ノート』

【PHP文庫】
『人生は成功するようにできている。』
『なぜあの人は集中力があるのか』
『中谷彰宏　仕事を熱くする言葉』
『入社3年目までに勝負がつく77の法則』

【オータパブリケイションズ】
『せつないサービスを、胸きゅんサービスに変える』
『ホテルのとんがりマーケティング』
『レストラン王になろう2』
『改革王になろう』
『サービス王になろう2』
『サービス刑事』

【あさ出版】
『気まずくならない雑談力』
『人を動かす伝え方』
『なぜあの人は会話がつづくのか』

【学研プラス】
『嫌いな自分は、捨てなくていい。』
文庫『すぐやる人は、うまくいく。』
『シンプルな人は、うまくいく。』
『見た目を磨く人は、うまくいく。』
『決断できる人は、うまくいく。』
『会話力のある人は、うまくいく。』
『片づけられる人は、うまくいく。』
『怒らない人は、うまくいく。』
『ブレない人は、うまくいく。』
『かわいがられる人は、うまくいく。』
『すぐやる人は、うまくいく。』

『一流の仕事の習慣』**(ベストセラーズ)**
『仕事は、最高に楽しい。』**(第三文明社)**
『「反射力」早く失敗してうまくいく人の習慣』**(日本経済新聞出版社)**
『伝説のホストに学ぶ82の成功法則』**(総合法令出版)**
『富裕層ビジネス　成功の秘訣』**(ぜんにち出版)**
『リーダーの条件』**(ぜんにち出版)**
『成功する人の一見、運に見える小さな工夫』**(ゴマブックス)**
『転職先はわたしの会社』**(サンクチュアリ出版)**
『あと「ひとこと」の英会話』**(DHC)**

[恋愛論・人生論]

【ダイヤモンド社】
『なぜあの人は逆境に強いのか』
『25歳までにしなければならない59のこと』
『大人のマナー』
『あなたが「あなた」を超えるとき』
『中谷彰宏金言集』
『「キレない力」を作る50の方法』
『お金は、後からついてくる。』
『中谷彰宏名言集』
『30代で出会わなければならない50人』
『20代で出会わなければならない50人』
『あせらず、止まらず、退かず。』
『「人間力」で、運が開ける。』
『明日がワクワクする50の方法』
『なぜあの人は10歳若く見えるのか』
『テンションを上げる45の方法』
『成功体質になる50の方法』
『運のいい人に好かれる50の方法』
『本番力を高める57の方法』
『運が開ける勉強法』
『ラスト3分に強くなる50の方法』
『答えは、自分の中にある。』
『思い出した夢は、実現する。』
『習い事で生まれ変わる42の方法』
『面白くなければカッコよくない』
『たった一言で生まれ変わる』
『健康になる家　病気になる家』
『スピード自己実現』
『スピード開運術』
『失敗を楽しもう』
『20代自分らしく生きる45の方法』
『受験の達人2000』
『お金は使えば使うほど増える』
『大人になる前にしなければならない50のこと』
『会社で教えてくれない50のこと』
『学校で教えてくれない50のこと』
『大学時代しなければならない50のこと』
『昨日までの自分に別れを告げる』
『あなたに起こることはすべて正しい』

中谷彰宏　主な作品一覧

［ビジネス］

【ダイヤモンド社】

『50代でしなければならない55のこと』
『なぜあの人の話は楽しいのか』
『なぜあの人はすぐやるのか』
『なぜあの人の話に納得してしまうのか[新版]』
『なぜあの人は勉強が続くのか』
『なぜあの人は仕事ができるのか』
『なぜあの人は整理がうまいのか』
『なぜあの人はいつもやる気があるのか』
『なぜあのリーダーに人はついていくのか』
『なぜあの人は人前で話すのがうまいのか』
『プラス1%の企画力』
『こんな上司に叱られたい。』
『フォローの達人』
『女性に尊敬されるリーダーが、成功する。』
『就活時代しなければならない50のこと』
『お客様を育てるサービス』
『あの人の下なら、「やる気」が出る。』
『なくてはならない人になる』
『人のために何ができるか』
『キャパのある人が、成功する。』
『時間をプレゼントする人が、成功する。』
『会議をなくせば、速くなる。』
『ターニングポイントに立つ君に』
『空気を読める人が、成功する。』
『整理力を高める50の方法』
『迷いを断ち切る50の方法』
『初対面で好かれる60の話し方』
『運が開ける接客術』
『バランス力のある人が、成功する。』
『映画力のある人が、成功する。』
『逆転力を高める50の方法』
『最初の3年その他大勢から抜け出す
50の方法』
『ドタン場に強くなる50の方法』
『アイデアが止まらなくなる50の方法』
『メンタル力で逆転する50の方法』
『超高速右脳読書法』
『なぜあの人は壁を突破できるのか』
『自分力を高めるヒント』
『なぜあの人はストレスに強いのか』
『なぜあの人は仕事が速いのか』
『スピード問題解決』
『スピード危機管理』
『スピード決断術』
『スピード情報術』
『スピード顧客満足』
『一流の勉強術』
『スピード意識改革』
『お客様のファンになろう』
『成功するためにしなければならない80のこと』
『大人のスピード時間術』
『成功の方程式』
『なぜあの人は問題解決がうまいのか』
『しびれる仕事をしよう』
『「アホ」になれる人が成功する』
『しびれるサービス』
『大人のスピード説得術』
『お客様に学ぶサービス勉強法』
『大人のスピード仕事術』
『スピード人脈術』
『スピードサービス』
『スピード成功の方程式』
『スピードリーダーシップ』
『大人のスピード勉強法』
『一日に24時間もあるじゃないか』
『もう「できません」とは言わせない』
『出会いにひとつのムダもない』
『お客様がお客様を連れて来る』
『お客様にしなければならない50のこと』
『30代でしなければならない50のこと』
『20代でしなければならない50のこと』
『なぜあの人の話に納得してしまうのか』
『なぜあの人は気がきくのか』
『なぜあの人は困った人とつきあえるのか』
『なぜあの人はお客さんに好かれるのか』
『なぜあの人はいつも元気なのか』
『なぜあの人は時間を創り出せるのか』
『なぜあの人は運が強いのか』
『なぜあの人にまた会いたくなるのか』
『なぜあの人はプレッシャーに強いのか』

【ファーストプレス】

『「超一流」の会話術』
『「超一流」の分析力』
『「超一流」の構想術』
『「超一流」の整理術』
『「超一流」の時間術』
『「超一流」の行動術』
『「超一流」の勉強法』
『「超一流」の仕事術』

著者紹介

中谷彰宏（なかたに・あきひろ）

1959年、大阪府生まれ。早稲田大学第一文学部演劇科卒業。84年、博報堂に入社。ＣＭプランナーとして、テレビ、ラジオＣＭの企画、演出をする。91年、独立し、株式会社中谷彰宏事務所を設立。ビジネス書から恋愛エッセイ、小説まで、多岐にわたるジャンルで、数多くのロングセラー、ベストセラーを送り出す。「中谷塾」を主宰し、全国で講演・ワークショップ活動を行っている。

■公式サイト　http://www.an-web.com/

本の感想など、どんなことでも、
あなたからのお手紙をお待ちしています。
僕は、本気で読みます。　　中谷彰宏

〒162-0816　東京都新宿区白銀町1-13
きずな出版気付　中谷彰宏行

※食品、現金、切手などの同封は、ご遠慮ください（編集部）

中谷彰宏は、盲導犬育成事業に賛同し、この本の印税の一部を（財）日本盲導犬協会に寄付しています。

ファーストクラスに乗る人の発想
——今が楽しくなる57の具体例

2016年8月1日　第1刷発行

著　者　　中谷彰宏

発行者　　櫻井秀勲
発行所　　きずな出版
東京都新宿区白銀町1-13　〒162-0816
電話03-3260-0391　振替00160-2-633551
http://www.kizuna-pub.jp/

装　幀　　福田和雄（FUKUDA DESIGN）
編集協力　ウーマンウエーブ
印刷・製本　モリモト印刷

ISBN978-4-907072-67-4

きずな出版

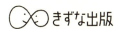

書籍の感想、著者へのメッセージは以下のアドレスにお寄せください
E-mail：39@kizuna-pub.jp

きずな出版
http://www.kizuna-pub.jp

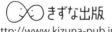